열등감을 자신감으로
바꾸는 심리학

열등감을 자신감으로 바꾸는 심리학

가토 다이조 지음 | 이정환 옮김

나무생각 ♥ 힐링

이 책은 열등감을 해소하고 자신감을 가지려면 어떻게 해야 하는가에 관한 것이다. 즉, 자신감을 가지기 위한 사고방식이 주제다.

따라서 자신감을 가지려면 어떤 사고방식을 가져야 하는지, 일상생활에서 구체적으로 어떤 식으로 자신을 개조해야 하는지에 관해서 정리했다.

그리고 열등감이 왜 발생하는가 하는 원인을 생각함과 동시에 어떻게 해야 열등감을 해소할 수 있는가 하는 부분에 초점을 맞추었다.

또한 어떤 사고방식을 가져야 하는지, 어떤 점에 주의해야 하는지, 어떤 사람을 만나야 하고 어떤 사람을 만나지 말아야 하는지에 대해서도 구체적으로 설명했다.

누구나 이 세상에 태어난 이상, 언젠가는 행복해지고 싶어 한다. 그리고 대부분의 경우 결국 자기가 원하던 행복을 맛본다. 터무니없는 말이라고 반박할지 모르지만 사실 대부분은 행복해진다.

이 책에는 자신감을 가지려면 어떤 식으로 시야를 넓혀야 하는가에 관한 내용이 있다. 그것을 읽고 자신감을 가지기 위한 것이라고 좁게 해석할 수도 있고, 자신감을 가져도 반드시 행복해지는 것은 아니라고 부정적으로 생각하는 사람도 있을 수 있다.

그러나 마음을 활짝 열고 여유를 갖는다면 열등감이 해소되고 자신감을 가질 수 있게 될 뿐만 아니라 지금보다 좀더 상대를 잘 이해할 수 있게 된다. 그렇게 되면 인간관계도 당연히 순조로워진다.

바람직한 인간관계는 행복의 토대를 구축해 준다. 즉, 자신감을 가지게 되면 행복해지는 것이다.

심리학자 조지 오튼이 쓴 책《Why Worry?》에는 이런 말이 있다.

"관점을 바꾸면 가장 좋은 자리도 가장 나쁜 자리가 될 수 있다."

가장 좋은 자리라 해도 누구에게 가장 좋은 자리인가 하는 것이 문제다. 같은 자리라도 어떤 사람에게는 가장 좋은 자리가 될 수 있고, 어떤 사람에게는 가장 나쁜 자리가 될 수도 있다.

열등감이 강한 사람은 가장 좋은 자리는 누구에게나 가장 좋은 자리일 것이라고 생각한다. 그러나 그것은 잘못된 생각이다. 가장 좋은 자리가 자신에게는 가장 나쁜 자리일 수도 있다. 자기의 위치를 모르기 때문에 자신에게 가장 바람직한 자리가 어디인지 모른다. 자기의 능력과 적성을 바탕으로 그 자리를 선택해야 하는데 열등감이 강한 사람은 그런 적절한 선택을 하지 못한다.

어떤 사람에게 가장 좋은 자리가 당신에게는 가장 나쁜 자리

가 될 수도 있다는 사실을 깨달아야 한다. 음악을 싫어하는 사람
에게 지휘자의 자리는 결코 편한 것이 아니며, 아이들은 가장 좋
은 상석에 앉혀 주면 오히려 거북해한다.

그런데도 가장 좋은 자리가 가장 행복한 자리라고 생각하기
때문에 대부분의 사람들이 행복해질 수 있다는 말을 믿지 못하
는 것이다.

가토 다이조

차례

프롤로그 4

1. 어떻게 해야
   열등감을 극복할 수 있을까?

자신감 있는 사람은 우기지 않는다
- 자기의 약점을 인정할 수 있는가? 17
- 약하면서 강한 척하기 때문에 지친다 19
- 진취적으로 살아가는 비결 23
- 노력하는 방법을 알아야 한다 26
- 열등감이 강한 사람의 착각 29
- 과시하지 않는 것이 편하다 31

능력이 없다고 생각하는 사람들에게
- 실패를 두려워하는 심리구조 35
- 자기 자신을 미워해서는 안 된다 38
- 생각이 고민을 늘린다 42
- 실제의 자기보다 멋진 사람은 없다 46
- 자기 자신을 모르면 결단도 내릴 수 없다 50
- 자신감 없는 사람일수록 자신감을 잃는 행동을 한다 54
- 인간관계를 바꾸어 본다 58

과거를 버릴 수 있는가?

- 솔직하게 감정을 드러내면 호감을 얻는다 63
- 호감을 얻으려다 미움을 사는 사람 65
- 다른 사람의 말에 상처받는 이유 67
- 머릿속에 새겨진 두려운 경험 70
- 피책망상(被責妄想)이란 무엇인가? 72

2. 어떻게 해야
   자신감을 가질 수 있는가?

자신감 있는 사람은 자기 자신을
   있는 그대로 받아들인다

- 존경이 아닌 커뮤니케이션을 원해라 79
- 자기 자신을 속이는 대가의 크기 81
- 항상 인정해 달라고 외치는 사람 84
- 진정한 존경은 무엇인가? 87
- 자신감이 없으면 다른 사람의 허세도 간파할 수 없다 89

마인드풀니스(mindfulness)란 무엇인가?

- '깨달음'의 심리적 효과 95
- 좀더 폭넓은 관심을 가질 수 있는가? 98
- 세밀한 부분을 깨닫는다는 것 101
- 열등감 강한 사람이 관심을 가지는 문제 105
- 마인드풀니스인 사람은 지치지 않는다 108

자기 이외의 문제에 관심을 가질 수 있는가?

- 열등감을 해소하기 위해 중요한 것 113
- 작은 문제를 큰 문제로 받아들이는 능력 116
- 하나의 관점에 매달리지 않는다 118
- 간단히 속아 넘어가는 사람의 심리 120
- 우울한 감정을 줄이는 방법 122

3. 어떻게 해야
   마음이 충족될 수 있는가?

즐거움이 시야를 넓혀 준다

- 행복해지기 위한 시련 131
- 호모사피엔스로서의 삶 133
- 열린 마음을 가진 사람은 강하다 134
- 결과가 아닌 과정을 중시해라 138
- 다면적인 관점의 유효성 141
- 아름답게 산다는 것은 어떤 것인가? 145

사물을 다면적으로 보는 습관

- 겉모습만으로 사람을 판단하지 않는다 151
- 열등감에 관한 책이 적은 미국 155
- 미국의 수험평가 방법 157
- 마음으로 보고 마음으로 듣는다 161
- 실패를 활용하는 사고방식 163

인생의 목적을 발견해라

- 발전하는 사람은 어떤 점이 다른가? 169
- 자기 실현을 하려면 무엇이 필요한가? 172
- 목적을 달성하기 위한 세 가지 조건 174
- '살아 있다'는 실감이 없다 177
- 무엇 때문에 노력하는가? 181

4. 어떻게 해야
행복해질 수 있는가?

스스로를 믿는 태도가 자신감을 낳는다

- 자기다운 삶이 에너지를 낳는다 187
- 왜 자신감을 가지지 못하는가? 190

실감을 느낄 수 있는 삶

- 지나친 싸움의 결과 195
- 자기 의지대로 행동한다 198
- 한 가지 행복밖에 모르는 사람의 비극 201
- 인생에 욕심을 내면 스트레스가 쌓인다 204
- 자기 자신을 이해하지 못하는 사람 207
- 어떻게 해야 충족감을 얻을 수 있는가? 209
- '자기'가 존재하는 삶 212

에필로그 216

1

어떻게 해야
열등감을 극복할 수 있을까?

❧

자신감 있는 사람은 우기지 않는다

❧

능력이 없다고 생각하는 사람들에게

❧

과거를 버릴 수 있는가?

자신감 있는 사람은 우기지 않는다

✂ 자기의 약점을 인정할 수 있는가?

자기의 약점을 인정하는 것은 누구에게나 어려운 일이다. 하지만 시야를 넓히면 자연스럽게 자기의 약점을 받아들일 수 있다. 또 약점을 받아들이게 되면 새로운 세계가 보인다.

이처럼 시야를 넓히는 것과 약점을 받아들이는 것은 바람직한 순환 상태를 만들어 간다.

자신감 있는 사람은 자기의 약점을 받아들일 수 있다. 그리고 약점을 받아들이는 것으로 더욱 자신감이 붙는다. 자신감과 약점을 받아들이는 것도 바람직한 순환 상태를 만들어 간다.

그러나 우리 주변에는 자기의 약점을 인정하지 않고 자기 생각만 우기는 사람도 있다. 우긴다는 것은 그 사람이 심리적으로 성장하지 못했다는 증거다. 사람은 우기면 우길수록 자신감을 잃는다. 그리고 자신감이 없기 때문에 더욱 우기게 된다.

자신감이 있으면 우기지 않는다. 우기는 것과 열등감은 바람직하지 못한 순환 상태를 만들어 간다. 그리고 우기는 사람은 주위로부터 따돌림을 당하고 결국 고립된다.

누구나 약점은 가지고 있다. 그리고 그 약점을 인정하는 사람이 행복해진다. 자기의 약점을 인정할 수 있기 때문에 다른 사람을 부드럽게 대할 수 있다. 자기의 약점을 인정하는 것으로 약점이 없는 것 이상의 '행복감'을 맛볼 수 있다.
그러나 우리는 이런 사실들을 잊고 있다.

콘택트렌즈를 끼고 자신의 얼굴을 거울에 비추어 볼 때마다 못생겼다는 생각이 든다는 편지를 보내온 사람이 있다. 자기 얼굴이 이상적으로 생각하는 얼굴과 너무 다르다는 것이다. 그리고 여동생은 미인이기 때문에 사람들로부터 귀엽다거나 예쁘다는 말을 자주 듣는다고 한다.
이 여성은 자기 얼굴이 못생겼다는 사실을 인정하고 있기 때문에 살아가는 에너지를 발산할 수 있다.
현실을 인정하고 에너지를 발산할 수 있어야 고민이 해결되고 지금까지 깨닫지 못했던 사실을 깨닫게 된다. 이 여성이 여동생을 냉정하게 관찰하고 있다는 것은 그만큼 시야가 넓어졌다는 뜻이다.

넓은 시야로 세상을 보았을 때 고민은 해결되고 기운이 샘솟는다.

약하면서 강한 척하기 때문에 지친다

'행복'은 부족한 점을 인정하고 살아가는 데에서 탄생한다.

자기는 미인이 아니라고 인정할 수 있어야 미인 이상으로 행복해질 수 있다. 그렇게 인정함으로써 그 사람에게 부드러운 마음이 갖추어지기 때문이다. 부족하기 때문에 살아가는 에너지가 발산된다.

사람은 약해도 사랑을 받는다. 약하면서 강한 척하기 때문에 미움을 받는다. 사람은 무엇인가 할 수 있는 일이 없더라도 사랑을 받을 수 있다. 할 수 없는데 할 수 있는 척하기 때문에 환멸을 사고 미움을 산다.

누구나 길을 열 수 있다.

지금 고민하고 있는 사람이 해야 할 일은 무엇일까? 우선, 진실을 말하는 것이다. 진실은 아무것도 아닌 것이다. 하지만 중요한 것이다. 수치스러운 것, 견디기 어려운 것, 그런 작은 문제를 솔직하게 말할 수 있을 때 문제는 해결된다.

솔직한 마음으로 진실을 말할 수 있어야 다른 사람과 원만한 관계를 형성할 수 있다.

"저 녀석이 나를 괴롭혀. 그래서 두려워." 하고 말할 수 있을 때 문제는 자연스럽게 해결된다.

그런데 오기를 부려 "저 녀석은 시시한 놈이야." 하고 말할 때 문제는 오히려 심각해진다.

그렇다면 사람들은 왜 진실을 말할 수 없는 것일까? 열등감이 있기 때문이다. 열등감은 단순히 자기의 약점을 치부라고 생각하게 한다. 그래서 자기의 치부를 다른 사람에게 보이지 않기 위해 오기를 부리기도 하고 반대로 사람을 피하기도 한다.

정말로 강한 자세는 고맙다는 감사의 말을 할 수 있는 자세, 미안하다는 사과의 말을 할 수 있는 자세다.

　자기의 약점을 보이지 않으려고 고민하고 괴로워하다가 몸과 마음이 모두 쇠약해지는 사람이 있다. 상대방에게 자기의 약점을 보일 바에야 차라리 파멸을 선택하는 사람도 있다. 단한 마디, "미안해." 하고 사과만 하면 얼마든지 바람직한 방향으로 흐름을 바꿀 수 있는데 말이다.

　"나는 하지 못하는 일이야. 넌 정말 대단하구나."

　이 한 마디만 할 수 있으면 굳이 불필요한 소모전을 치를 필요도 없고 지칠 필요도 없는데 말이다.

　고민에 고민을 거듭하다가 더 이상 방법이 없다고 한숨만 내쉬는 사람이 있었다. 어느 날, 그의 집에 화재가 발생했다. 출구는 몇 개나 있었다. 그러나 그는 문을 열 수 없었기 때문에 결국 불에 타 죽었다.

　"사실, 저는 이걸 할 수 없습니다."

　이렇게 말할 수 있었다면 문은 열렸다.

　"사실, 저는 나약한 사람입니다."

　이렇게 말할 수 있었다면 문은 열렸다.

　"사실, 저는 돈이 없습니다."

이렇게 말할 수 있었다면 문은 열렸다.

"사실, 저는 머리가 그렇게 좋은 편이 아닙니다."

이렇게 말할 수 있었다면 문은 열렸다.

"사실, 저는 당신을 이길 수 없습니다."

이렇게 말할 수 있었다면 문은 열렸다.

그런데 그런 말을 하지 못하고 끝까지 오기를 부리다 화재가 발생한 집 안에서 불에 타 죽었다.

왜 그런 말을 할 수 없는 것일까?

열등감을 해소할 수 없기 때문이다.

왜 그는 불에 타 죽은 것일까?

오기를 부렸기 때문이다.

열등감이 강한 사람은 한결같이 오기를 부린다.

진취적으로 살아가는 비결

당신이 생각하는 진정한 행복은 무엇인가?

행복을 추구하며 '파랑새'를 찾아다니는 동화가 있다.

존재하지 않는 것을 찾아 열심히 뛰어다니는 것도 삶의 일종이다. 존재하지 않는 것은 존재하지 않는다고 판단하고 존재하는 것을 점차 키워 나가는 것도 삶의 일종이다.

당신은 지금 어느 쪽 '삶'을 선택하고 있는가? 선택은 당신이 할 일이다.

불행해지고 싶다면 파랑새를 찾아다녀라. 비참해지고 싶다면 파랑새를 찾아다녀라. 파랑새를 찾아다니다가 불행해지는 것은 당신의 나약함이다.

파랑새를 찾아다니는 사람은 이렇게 말한다.

"내게 맞는 일이 없어. 그래서 취직하고 싶지 않아."

"내게 어울리는 사람이 없어. 그래서 결혼할 수 없어."

하지만 다른 사람도 조건은 마찬가지다.

파랑새를 찾아다니다가 불행해지는 사람은 다른 사람들에게 자신의 독특한 인상을 심어 주려 할 뿐이다.

"저는 이런 사람입니다."

이렇게 솔직하게 말하고 자기 주변에 남아 있는 사람들과 함께 살아가면 되는 것이다.

오늘부터는 지금까지의 고통스런 시간은 행복을 거머쥐기 위한 준비였다고 생각하고 살자.

이제 당신의 어깨를 짓누르고 있는 후회, 불만, 어리석음, 질투 그리고 슬픔도 모두 버리자. 지금까지의 괴로움이나 고통스런 체험에서 얻은 것은 앞으로 인생을 살아가는 데 이용할 도구로 바꾸자.

고통스런 체험에서 얻은 것을 활용하는 것이 '진취적'인 삶이다.

자포자기하는 마음을 '진취적'인 심리로 바꾸어야 한다. 그리고 한 걸음씩 앞을 보고 걸어가자. 그렇게 하면 어느 순간 '행복의 여신'이 당신의 마음에 깃들 것이다.

만족할 줄 아는 사람이 선량한 사람이다. 만족할 줄 아는 사람은 자신의 능력에 어울리는 삶을 살아간다. 이런 생활방식이 결과적으로 폭넓은 세계에서 살아가도록 만든다.

열등감을 자신감으로 바꾸는 심리학

자기 자신에게 불만을 품고 있는 사람은 무슨 일이든 반대한다. 그리고 다른 사람에게 부담을 주면서 살아간다.

카레라이스밖에 만들지 못하는 사람이 프랑스 요리를 만들려고 하면 시야가 좁아진다. 카레라이스를 열심히 만들다 보면 여러 종류의 카레라이스를 개발할 수 있다. 그 과정에서 아이디어나 지혜가 샘솟는다.

앞에서 소개한 여성은 자기는 못난이라고 스스로 약점을 인정할 수 있었기 때문에 건강하게 살고 있다. 그리고 행복해질 수 있었다.

그러나 그 다음에 소개한 남성은 약점을 인정할 수 없었기 때문에 오기를 부리다 세상을 떠났다. 행복을 모르고 고통을 받다가 결국 짧은 인생을 마감했다.

✌ 노력하는 방법을 알아야 한다

나는 자기 자신을 드러내 보이기 좋아하는 사람을 알고 있다. 그 사람은 유능하기 때문에 한때는 사회적으로 성공을 거둔 것처럼 보였다. 그는 사람을 만날 때 일류 호텔 스위트룸에서만 만났다.

그는 자기 자신에 대해 자신감이 없다. 그래서 다른 사람에게 존경받기 위해 허세를 부린다. 오스트리아의 정신과 의사 울프가 말하는 플러스 제스처다.

그러나 다른 사람에게는 그 허세가 훤히 보인다. 그래서 오히려 사람들로부터 경시를 당한다. 존경받기 위해 무리를 하기 때문에 오히려 경시를 당하는 것이다.

그는 일류 호텔 스위트룸에서 사람을 만나지 않으면 좋은 결과를 얻을 수 없다고 주장했지만, 사실은 바로 그 스위트룸에서 기회를 놓치고 있었던 것이다.

그는 유능했으며 열심히 노력도 했다. 그러나 결국에는 비참해졌다. 그리고 젊은 나이에 세상을 떠났다.

그렇게 유능하고 그렇게 열심히 노력했는데 성공하지 못했다는 것이 이상할 정도였다. 그는 최선을 다해 노력했으나 노력하는 방법이 잘못되었던 것이다.

꾸준한 노력을 기울이는 사람은 올바른 판단력을 가진 대부분의 사람들에게 믿음을 준다. 꾸준히 노력하는 모습을 보고 그 사람을 신용하는 것이지 스위트룸에서 만났기 때문에 신용하는 것이 아니다.

드러내 보이기 좋아하는 성격을 가진 사람은 칭찬을 듣기 위해 무리해서 자신을 과시해 보인다. 성실한 사람은 속이 텅 비어 있으면서도 자기 자신을 과시하는 사람과 어울리지 않는다.

그는 칭찬을 듣고 싶어서 있지도 않은 자랑을 늘어놓다가 오히려 바보 취급을 당한다. 오기를 부려 자기를 과시해서 성실한 사람들로부터 미움을 산다.

그는 스위트룸에 요리를 운반해 오는 종업원이 뒤에서 자기에 대해 어떻게 말하는지 전혀 모르고 있었다. 그런 생활에 어울리는 사회적 지위나 부도 없는데 무리를 하면 호텔 종업원도 등 뒤에서 손가락질을 한다. 대기업의 사장이라면 이해가 가지만 이제 막 사업을 시작한 젊은 기업가가 그런 흉내를 내면 대부분의 사람들은 뒤에서 손가락질을 한다.

그리고 성실한 친구들도 하나둘씩 곁에서 멀어져 간다. 나중에 남는 것은 그 사람에게서 이익을 얻으려는 교활한 사람들뿐이다.

돈을 물 쓰듯 하면 호텔 종업원이나 호스티스는 당연히 존경하는 척한다. 그러나 뒤에서는 손가락질을 한다. 그들은 돈을 벌기 위해 존경하는 척하지만 마음속으로는 바보 취급을 한다. 그들은 빼먹을 수 있을 때 조금이라도 더 빼먹기 위해 최대한 칭찬을 늘어놓는다. 자기 자신을 드러내 보이기 좋아하는 사람은 그런 사실을 깨닫지 못한다.

어떤 고급 클럽의 호스티스가 이런 말을 했다.

"내일은 신문의 기삿거리가 될지도 모르는 사람이니까 빼먹을 수 있을 때 최대한 빼먹어야지요."

열등감이 강한 사람은 돈이나 직함이 없으면 다른 사람이 자기를 상대해 주지 않을지도 모른다는 불안감을 느끼면서 살아간다. 하지만 그 반대다. 돈을 마구 뿌려 있는 척 행동하기 때문에 의식 있는 사람들이 곁을 떠나는 것이다.

❧ 열등감이 강한 사람의 착각

열등감이 강한 사람은 자기가 중요한 인물인 것처럼 보이기 위해서는 부나 명예가 필요하다고 생각한다. 이 착각이 비극의 시작이다. 부나 명예를 보고 모여드는 사람은 쓸모없는 사람이기 때문이다.

나는 형의 빚을 갚는 과정에서 고급 클럽의 호스티스나 종업원이 얼마나 무서운 존재인지 직접 체험했다. 그래서 자신 있게 말하건대 돈을 뿌려도 호스티스는 그 사람을 바보 취급밖에 하지 않는다. 나는 호스티스들을 그들이 일하는 술집에서 만난 것이 아니다. 영업 시간 외에 즉, 대낮에 클럽 밖에서 만나 돈 문제로 그녀들의 진심을 들었다.

나는 과시적 성격을 가지고 있는 사람들은 정말 어리석다고 생각한다. 왜 이런 여자들에게 돈을 쏟아 붓는 것인지, 그 어리석음에 놀라는 한편 한심하다는 생각이 든다. 그들은 이 책에서는 도저히 표현할 수 없는 상소리를 끊임없이 연발하며 믿을 수 없을 정도로 거친 말을 주저하지 않고 내뱉는다. 그리고 협박한다.

고급 클럽을 돌아다니며 술을 마시다가 사업에 실패하여 행방불명이 된 형의 빚을 정리하고 있었을 때, 나는 이미 직장에 다니고 있었다. 그래서 그들로부터 집과 회사 앞에서 전단을 돌리겠다는 상투적인 협박을 받았다.

사실 나는 20대 초반부터 이런 식으로 친형제의 빚 소동에 휘말렸기 때문에 이 정도는 아무것도 아니었다. 고급 클럽의 호스티스부터 대기업의 간부나 중소기업의 사장까지, 협박에는 익숙해져 있었다.

믿을 수 없을 정도로 질이 낮은 그 사람들은 돈을 뿌리고 있을 때는 칭찬만 늘어놓는다. 그런 칭찬을 정확하게 번역한다면 '너는 바보야!'라는 의미다. 하지만 열등감이 강한 사람은 그런 사실을 모른다.

아마 앞에서 예를 든 유능하며 열심히 노력하다가 일찍 세상을 떠난 그 사람도 돌이켜보면 자기는 아무것도 가지고 있지 않다는 사실을 깨닫고 있었는지도 모른다. 그래서 그 허전함에서 눈을 돌리기 위해 화려한 생활을 흉내냈을 것이다.

그러나 사실은 자기 자신을 돌이켜보았을 때 아무것도 가진 것이 없다는 점을 깨달았다면 한 가지씩 갖추기 위해 노력했어야 했다.

그는 그렇게 하지 못했기 때문에 무리해서 자신을 드러내 보이려고 노력했고 결국 허무하게 인생을 끝마쳤다.

장례식에 참석한 사람들은 그에 대해 뭐라고 했을까?

"이 친구, 너무 무리했어…."

주변 사람들에게 그는 이렇게 보였던 것이다.

과시하지 않는 것이 편하다

우리 아버지는 마치 아이들이 소꿉놀이를 하듯 훌륭한 집을 만들기 위해 노력했다. 철근 구조로 이루어진 3층 건물, 시원한 거실, 샹들리에가 빛나는 네 평짜리 응접실, 골프 연습을 할 수 있는 넓은 마당.

그러나 아버지는 방문객들이 그런 집을 지은 사람을 어떻게 생각하는지 전혀 알지 못했다.

"이 집 주인은 심각한 노이로제 환자야."

이렇게 생각하고 돌아간 사람이 있다는 사실을 몰랐다.

집을 칭찬하는 사람들의 말에 마음이 깃들어 있지 않다는 사실을 몰랐다. 만약 아버지가 사업가였다면 사람들이 아버지를 존경했을 수도 있다. 그러나 대학 교수가 그런 집을 짓고 산다면 사람들이 고개를 갸웃거리는 것은 당연하다.

약점을 인정하면 그 사람은 한층 더 성장한다. 그리고 주위 사람들은 그 사람에게 매력을 느낀다.

약점을 인정하지 않는 사람에게는 인간적인 폭과 깊이가 없다. 좁은 가치관에 얽매여 있어 다른 사람을 포용할 수 있는 여유가 없는 탓에 사람들은 그 사람과 함께 있어도 편안함을 느낄 수 없다. 결국 그런 사람은 회사에서든 학교에서든 인덕이 없다.

아무리 유능해도 약점을 인정하지 않는 사람은 사고방식이 유연하지 못하고 편향적이기 때문에 주위 사람들로부터 신뢰를 얻지 못한다.

그야말로 '부덕의 소치'라고 할 수 있는 바람직하지 못한 인

품을 갖추고 있기 때문에 무슨 일을 해도 사람들로부터 지원을
받지 못한다. 따라서 성공할 수 없다.

 자신감 포인트

자신감 없는 사람은 자기의 약점을 인정하지 않고 우긴다. 그리고 그렇게 우
길수록 더 자신감을 잃는다.
자신감 있는 사람은 자기의 약점을 받아들인다. 그렇게 해서 더욱 자신감이
붙는다.

능력이 없다고
생각하는 사람들에게

🔅 실패를 두려워하는 심리구조

젊은 시절, 나는 다른 사람들에게 좋은 인상을 심어 주지 않으면 나를 얕보지 않을까 하는 두려움에 젖어 있었다. 그래서 항상 상대방의 표정을 살폈다.

나 같은 사람은 꽤 많겠지만 이런 사람은 누구에게 호감을 얻고 싶은 것인지 명확한 기준이 없다. 그래서 누구에게든 맞추려 하고 누구에게든 호감을 얻으려 한다.

그래서 지친다. 상대하는 모든 사람들의 표정을 살피다 보면 견딜 수 없을 정도로 지친다. 그리고 점차 자기를 다른 사람에게 잘 보이려 하는 것 외에는 인생의 목표를 잃어버린다. 상대가 누가 되었든지 간에 아첨하는 것이 살아가는 목적이 되어버린다.

그렇기 때문에 보통 사람 이상으로 실패를 두려워한다. 실패하면 다른 사람에게 비난받을지도 모른다는 이유에서 두려워한다. 모든 사람에게 좋은 인상을 심어 주려 하기 때문에 누구의 비난이든 두려워한다.

그리고 다른 사람에게 '자기는 중요한 인물'이라는 인상을 심어 주려 하기 때문에 실력 이상의 지위를 노리게 되고, 그것이 스트레스가 된다. 그래서 결국 쓸데없이 에너지를 소모한다.

열등감이 강한 사람이 실패를 두려워하는 이유는 실패할 경우, 자기의 이미지가 손상되어 사람들로부터 인정을 받을 수 없게 된다는 두려움 때문이다. 자기의 위신이 떨어진다고 생각하기 때문에 실패를 두려워하는 것이다.

열등감이 강한 사람은 능력을 시험받는 상황이 생기면 혹시 실패하는 것이 아닐까 하는 불안감 때문에 엄청난 스트레스를 받는다. 그래서 자신의 능력이 다른 사람보다 돋보일 수 있는 일 이외에는 흥미를 보이지 않는다.

어떤 일에 흥미를 느끼고 그 일에 열중하고 있을 때에는 실패를 걱정하여 스트레스를 받는 경우는 없다.

열등감이 강한 사람에게 있어서 실패는 자기의 바람을 이루지 못하는 것이 아니라 다른 사람들로부터 조소를 당하는 것이다.

자기가 바라는 것을 손에 넣을 수 없기 때문에 괴로워하는 것과 인정을 받지 못하기 때문에 괴로워하는 것은 다르다.

심리적으로 건강한 사람에게 실패는, 험준한 산이 눈앞에 우뚝 솟아 있을 경우, 그 산에 오르고 싶지만 올라갈 수 없는 것이다. 그러나 열등감이 강한 사람에게 실패는, 그 산에 올라갈 수 없는 자신을 다른 사람들이 비웃는 것이다. 그 산이 험준하기 때문에 어떻게든 올라가 보고 싶다는 욕구는 아예 존재하지 않는다.

어린 시절부터 나는 사람들에게 실제의 나 자신과 다른 내 모습을 인식시켜 주려고 노력하면서 살아왔다. 사람들에게 실제의 나보다 훨씬 멋진 인간이라는 인상을 심어 주려고 노력한 것이다.

그 이유는 사람들에게 실제의 내 모습이 알려지는 것이, 사람들이 있는 그대로의 나를 평가하는 것이 두려웠기 때문이다. 사람들이 실제의 나 자신을 간파한 것은 아닌지 늘 마음이 불안했다.

사과가 하나 있다. 그 사과는 귤처럼 행동했다. 그러면서 늘 자기가 사과라는 사실이 드러나는 것은 아닌지 두려워했다. 사람들이 가까이 다가오면 냄새를 통해서 자기가 사과라는 사실을 눈치 채는 것은 아닌지 가슴이 조마조마했다.

수줍음을 많이 타는 사람이 다른 사람과 친숙해지는 것을 두려워하는 이유는 이런 것 때문이 아닐까? 수줍음을 잘 타는 사람은 '실제의 자기'가 알려지는 것이 두려운 것이다.

자기 자신을 미워해서는 안 된다

그러나 나는 언젠가 실제의 나를 드러내 보인다고 해서 두려워할 필요는 없다는 사실을 자연스럽게 깨달았다. 귤도 가치가 있고 사과도 가치가 있다는 생각이 들었다. 나 자신이 가치가 있는 존재라는 사실을 깨달은 것이다.

그러자 지금까지의 대인관계가 엷어지면서 새로운 사람들과의 관계가 자연스럽게 형성되어 갔다. 인간관계가 변하기 시작한 것이다.

나 자신에게는 가치가 있다고 생각하면서도 실제의 나 자신이 다른 사람에게 알려지는 데에서 느껴지던 공포가 거짓말처럼 사라졌다. 실제의 나 자신이 알려진다고 해도 상관없다고 생각하는 순간 그때까지 나를 사로잡았던 공포로부터 해방된 것이다.

과거에 왜 나에 대한 사람들의 평가를 두려워했는지 이해할 수 없었다. 그리고 실제의 나 자신이 진정한 나라고 드러내 놓더라도 여전히 나와의 관계를 유지해 주는 사람들만 상대하면 된다고 생각했다.

무슨 일이든 '그렇게 하지 않으면 안 된다.'는 강박관념이 아니라 '그렇게 하고 싶다.'는 식으로 생각하게 된 것이다.

실제의 나 자신을 진정한 나라고 평가했을 때 내게서 멀어져 가는 사람들은 그대로 무시해 버리면 된다고 생각했다. 그런 사람은 더 이상 상대할 가치가 없다고 생각했다.

이것은 놀라움이었다. 그때까지 그렇게 생각하려고 얼마나 노력했는지 모른다.

"실제의 내가 진정한 나라고 평가하더라도 변함없이 나를 상대해 주는 사람들만 상대하면 돼."

이런 식으로 나 자신을 얼마나 다독였는지 모른다. 그래도 역시 다른 사람으로부터 낮은 평가를 받는 것은 두려운 일이었다.

그런데 언젠가부터 자연스럽게 나 스스로 그런 사람은 상대하고 싶지 않다는 생각이 들기 시작한 것이다. 그것은 지금까지의 인간관계를 끝내고 새로운 사람들을 상대하기 시작했을 때였다.

그러자 그때까지 다른 사람들에게 낮은 평가를 받는 것을 왜 그렇게 두려워했는지 이해할 수 없는 기분이 들었다. 즉, 내 안에서 더 이상 나 자신을 증오하지 않게 된 것이다. 그것은 내게 있어서 새로운 인생, 두 번째 인생의 탄생이었다.

그때 나는 처음으로 사람들을 상냥하게 대할 수 있을 것 같은 느낌이 들었다. 내가 나 자신을 미워했을 때는 아무리 노력해도 다른 사람을 상냥하게 대할 수 없었다. 사람들을 상냥하게 대하려 하면 아무래도 무리하게 되었고 나 자신이 불쾌해졌다.

열등감을 자신감으로 바꾸는 심리학

나 자신을 미워하면서 살아가면 고민이 점점 늘어난다. 그러나 인생 자체에 특별히 고민이 있는 것은 아니기 때문에 자기 자신을 증오하는 행동을 그만두면 외부적 환경에 의한 고민은 대부분 사라진다.

실제의 자기에게 무엇인가 결여되어 있기 때문에 행복해질 수 없다고 생각하는 사람은 현재의 인간관계를 바꾸면 된다.

 아버지는 고양이다.

그러나 아이들에게는 '아버지는 사자'라고 믿게 했다. 그래서 아이들은 아버지를 사자라고 믿고 있다.

아이들도 아버지와 같은 고양이다.

아버지는 아이들에게 "사자가 되어라!" 하고 말한다. 그래서 아이들은 사자 가면을 뒤집어쓴다. 이런 경우 아버지는 스스로를 미워하고 있으며 그와 동시에 아이들도 미워한다.

열등감은 모두 부모가 만들어 주었다.

그런데 시간이 흐르자 아이들은 사자 가면을 벗고 자립하게 되었고 그 순간, 숱한 고민에서 해방된다.

부모로부터의 심리적인 자립이 열등감을 해소시켜 준다. 그래서 그릇된 가치관이 올바른 가치관으로 제자리를 잡는다. 이것이 앞에서 설명한 '시야를 넓힌다.'는 것이다. 앞에서 소개한 사과의 예를 든다면 사과 자신을 미워하는 마음을 버리게 된 것이다.

"나는 사과야. 내가 사과라는 게 자랑스러워. 이제 마음을 편하게 갖자. 사과는 멋진 존재야."

이렇게 생각하는 것이 '진정한 자기'로 살아가는 인생이다. 그러나 열등감이 강한 사람은 굳이 귤의 세계에 뛰어든다. 평가를 받고 싶기 때문이다.

❊ 생각이 고민을 늘린다

자기 자신에 대한 미움은 생각보다 훨씬 끈질기고 혹독한 것이다. 스스로를 미워한다는 사실을 알고 있으면서도 약간의 노력만으로는 그런 마음을 떨쳐 버릴 수 없기 때문이다.

나는 담배를 끊는 것보다 나 자신을 미워하는 마음을 버리는 것이 훨씬 더 힘들었다. 20대 때 나는 엄청난 골초였다. 하루에 수십 개비의 담배를 피웠다. 아니, 백 개비 이상 피웠는지도 모른다.

원고를 쓰면서 담배 연기가 사라진 적이 없었다. 그만큼 담배를 끊는 것은 매우 어려운 일이었다. 하지만 나 자신을 미워하는 마음을 버리는 것과 비교하면 담배를 끊는 것은 정말 간단한 일이다.

미국의 심리학자 카렌 호나이는 자기를 미워하면 다음과 같은 심리적 특징이 발생한다고 말한다.

우선, 자기에 대해 무자비할 정도로 많은 요구를 하게 된다. '당연히 ○○해야 한다.'는 요구다.

"무슨 일이든 절대로 실패하면 안 돼."

"남자로서 나는 강해져야 돼. 용감해야 하는 거야."

"여자로서 나는 아름답고 상냥해야 돼. 늘 웃는 얼굴을 유지해야 돼."

이런 요구들이다. 그리고 무서운 것은 자기가 종사하는 분야에서 반드시 우수한 인재가 되어야 한다는 생각이다.

자기를 미워한다는 것은 가치관이 일그러져 있다는 의미다. 따라서 '이 사람은 저 사람보다 가치가 있다.'는 식의 사고방식이 강하다. 가치를 바탕으로 사람에게 서열을 매기는 것이다.

인생 그 자체가 고민이 많은 것이 아니다. '○○해야만 한다.'는 자기의 생각이 고민의 원인이다. 현재의 모습으로는 부족하다고 생각하기 때문에 고민을 한다. 고민을 하게 되는 원인은 대부분의 경우 고정관념 때문이다. 즉, 고민의 원인은 자기의 생각에 존재한다.

여성들 중에는 자기가 좀더 젊으면 연인의 마음을 붙잡을 수 있다고 생각하는 사람도 있다. 젊다는 가치에 집착한다. 그리고 자기의 나이에 얽매인다. 고민은 거기에서부터 시작된다.

아무리 젊어 보이려고 노력해도 사랑을 손에 넣을 수 없을 때는 그 원인을 상대방에게 돌린다. 그래서 자기를 떠나는 상대방을 원망한다. 그것은 최선을 다한 자기의 노력이 헛된 것이었다는 사실을 인정하고 싶지 않기 때문이다. 그러나 노력하는 방법이 잘못되었다. 젊어 보이려고 노력하는 것 자체가 잘못된 것이다.

50대 여성이 20대의 옷을 입어도 피부의 윤기, 머리카락의 윤기, 자연스럽게 배어 나오는 중년 여성의 분위기는 다를 수밖에 없다. 이런 차이를 무시하는 이유는 그 사람의 가치관이 일그러져 있기 때문이다.

남성도 마찬가지다. 비즈니스맨이 고민을 하면 비즈니스 때문에 고민하는 것이라고 생각하기 쉽지만 사실은 그렇지 않다. 자기 삶에 대한 가치관과 믿음이 원인이 되어 고민하게 되는 경우가 많다. 그리고 자기가 바라는 대로 회사에서 생활할 수 없기 때문에 고민하는 것이다.

나 자신이 그랬다. 지금 생각해 보면 무리한 생각을 하고 있었던 것이다.

사람들은 젊은 시절에는 매일 최선을 다해 살아야 한다고 말한다. 그리고 매일 최선을 다해 사는 것은 매일 최선을 다해 노력하며 사는 것이라고 이해하는 사람이 많다. 그런 사람에게는 젊은 시절이 고통으로 느껴진다. 책도 하루에 세 권은 읽어야 한다고 생각한다.

후회하지 않는 인생을 보내려면 시간을 헛되이 보내지 말아야 한다고 생각하는 사람도 있다. 그 결과 스스로 고민을 만든다.

매일 최선을 다해 살아야 한다는 의미는 있는 그대로의 자기의 가치를 믿고 사는 것이다. 그러나 그렇게 생각하지 않는 사람들은 고민에 빠진다.

실제의 자기와는 다른 자기가 되어야 한다고 생각하여 그런 사람이 되기 위해 노력하는 사람이 고민하는 것이다.

❧ 실제의 자기보다 멋진 사람은 없다

카렌 호나이의 책을 보면 신경증적 해결(Neurotic Solution)이라는 말이 나온다. 예를 들면, 마음의 고민을 아름다워지는 것으로 해결하려는 것, 마음의 고민을 사회적 성공으로 해결하려는 것, 마음의 고민을 살을 빼는 것으로 해결하려는 방법이 신경증적 해결이다.

신경증 환자는 기본적으로 다른 사람보다 우월해지는 것으로 마음의 갈등을 해결하려 한다. 그러나 이것은 본질적인 해결이 아니라 문제를 더욱 심각하게 만들 뿐이다.

문제 해결에 있어서 가장 중요한 것은 자기가 해결할 수 있다고 믿는 믿음이다. 자기는 어려운 상황에 맞서는 멋진 인간이라고 스스로 칭찬하는 것이다.

그리고 이 신경증적 해결과 '미련'이라는 심리가 연결되면 고민은 눈덩이처럼 커진다. 성공하는 것으로 자기의 고민을 해결하려는 사람이 실패했을 때를 상상해 보자. 그는 실패를 쉽게 받아들일 수 없을 것이다.

"그때 이렇게 했으면…."

이런 식으로 언제까지나 그 실패에 얽매이게 될 것이다.

미인과의 연애로 자기의 고민을 해결하려는 사람이 실연당했을 때 역시 그 실연을 쉽게 받아들일 수 없다. 자기를 버린 연인을 증오하면서도 그 연인을 잊지 못해 과거의 연인과 심리적으로 결별하지 못한다.

병적 미련이라는 것은 고민을 신경증적으로 해결하려다가 실패했을 경우에 발생하는 심리가 아닐까?

신경증적으로 문제를 해결하려는 노력은 어떤 것일까?

밭에 보기 싫은 지렁이가 많다. 그러나 그 밭에서 두리안(Durian)

이라는 과일을 얻을 수 있다고 생각하여 매일같이 눈을 감고 참기 어려운 노력을 했다. 그야말로 고통스런 나날이었다.

아무리 힘든 고통이 따른다 해도 반드시 두리안을 손에 넣고 싶었다. 그러나 결과는 도저히 팔 수 없는 썩은 두리안만 얻을 수 있었다. 신경증적 해결이란 이런 것이다. 그 사람은 결국 두리안을 얻을 수 없었다.

만약 그 사람이 태양이 가득 내리쬐는 밭에서 좋아하는 당근을 재배했다면 어떻게 되었을까? 신경증적으로 해결할 필요가 없었을 것이다. 아니, 아예 심리적 갈등 그 자체가 존재하지 않았을 것이다.

'실제의 자기보다 멋진 사람'이란 '실제의 자기와는 다른 사람'이라는 의미다. 신경증 환자는 '실제의 자기보다 멋진 사람'을 바라는 것이 아니라 '실제의 자기와는 다른 사람'을 바라는 것이다.

본래 '멋진 사람'이 되려 하는 것은 자기가 사과일 때에 '멋진 사과'가 되려 한다는 의미고, 자기가 귤일 때에는 '멋진 귤'이 되려 한다는 의미다. 그런 노력은 당연히 칭찬받아야 한다.

아무리 노력해도 삶이 고통스럽게 느껴지는 사람은 노력하는 방법을 잘못 선택한 것이다. 노력하는 방향도 잘못 설정되어 있다. 그런 고통스런 노력을 계속하다 보면 체력이 다하는 어느 날 무기력 상태에 빠진다.

사람은 누구나 자기의 인생을 살고 있지 않을 때에 실패를 두려워한다. 자기의 인생을 살고 있으면 실패 따위는 두렵게 느껴지지 않는다. 자기가 아닌 다른 사람을 흉내내려 하다가 실패하기 때문에 두려움을 느끼고 초조함을 느낀다.

실패를 두려워하는 이유는 현재의 자기에게 만족하고 있지 않기 때문이다. 자기가 아닌 다른 사람의 모습으로 살고 있기 때문에 실패를 하면 큰일이라고 생각한다.

실패가 두려워질 때에는 있는 그대로의 자기 자신을 미워하고 있는 증거라고 생각해야 한다.

자기 자신을 모르면 결단도 내릴 수 없다

 거북이는 아무리 노력해도 토끼에게 진다. 하지만 거북이는 토끼와의 경주를 계속한다. 거북이는 산이 가장 가치 있는 것이라고 배웠다. 그리고 그렇게 믿고 있다.

거북이는 바다로 나가면 마음이 놓인다.

바다로 나가면 어딘가 자기와 비슷한 동물들이 많다. 산에 사는 동물들은 어딘가 자기와는 다르다.

그러나 거북이는 이렇게 믿고 있다.

"바다는 가치가 없어. 산이 가치가 있는 거야."

넓은 바다에 은어가 살고 있었다.

어느 날, 은어가 바다에서 강으로 돌아왔다. 그것을 보고 도미가 자기도 강에서 살고 싶다고 생각했다.

그리고 은어를 따라 바다에서 강으로 옮겨 왔다.

도미는 얼마 지나지 않아 강에 바닷물이 없다는 사실을 깨달았다. 고통이 느껴졌다.

그러나 때는 이미 늦었다.

"큰 실수를 저질렀어. 나는 바다에서 살았어야 돼."

그 말을 남기고 도미는 죽었다.

자기는 우유부단하며 결단력이 없다고 말하는 사람이 있다. 하지만 결단을 내릴 수 없는 이유는 자기 자신을 모르고 있기 때문이다.

《이솝 우화》에는 아빠 개구리가 "이만큼 커? 이만큼 커?" 하고 계속 배를 부풀리다가 배가 터져서 죽는 이야기가 있다.

만약 자신이 개구리라는 사실을 알고 있었다면 그렇게 행동하지 않았을 것이다.

그런데 그렇게 행동한 이유는 자기가 어떤 존재인지 자기 자신을 모르고 있었기 때문이다.

바다에 사는 붕어가 최근 들어 고민에 빠졌다. 가끔 숨이 막히기도 하고 도미나 문어와 함께 놀아도 재미를 느낄 수 없었기 때문이다.

왜 자기는 다른 물고기들처럼 즐겁게 헤엄치며 놀 수 없는 것일까? 그리고 음식도 맛이 없었다. 그래서 사는 것이 고통스럽게 느껴졌다.

그래도 외톨이가 되는 것이 무서워서 문어의 뒤를 따라다니거나 도미 친구들이 받아주지 않을 때는 돌고래를 따라다니면서 놀았다. 하지만 아무리 노력해도 이곳에서는 살 수 없다는 고통만 더욱 강해질 뿐이었다.

어느 날, 강 근처로 놀러 갔다. 문득 정신을 차려 보니 자기는 은어 친구들과 놀고 있었다. 그곳에 붕어가 찾아왔다.

붕어인 그는 자기가 붕어라는 사실을 모르고 있었다.

붕어는 붕어 친구와 놀면 마치 제 세상을 만난 듯 즐거워하는 자신의 모습에 깜짝 놀랐다. 한편, 도미나 문어와 놀 때처럼 늘 자신을 압박했던 무엇인가가 사라지고 이렇게 편한 느낌이 드는 이유를 이해할 수 없었다. 전혀 위축되지 않고 자유롭게 헤엄치며 놀 수 있다는 것이 너무 기뻐서 하늘로 뛰어오를 정도였다.

저녁이 되었다. 붕어는 자기가 바다에서 살아야 한다고 믿고 있었기 때문에 무리해서라도 돌아가기로 했다.

그 이후 붕어는 망설였다. 바다에서 살면 고통스러운 자신, 하지만 오래전부터 함께 헤엄치며 어울렸던 물고기들이 그곳에 있다. 단, 강에서 놀았을 때처럼 편안한 기분은 느낄 수 없다.

결국 붕어는 고민을 하면서도 바다에 집착했고, 고통 속에서 바다에서 죽었다.

이 붕어를 우유부단한 자기 자신과 바꾸어 생각해 보면 어떨까?

우선, 붕어는 자신이 어떤 존재인지 모르고 있었다. 자기 자신을 모르면 어떻게 행동해야 할지 전혀 알 수가 없다. 따라서 상대방에게 맞추는 것으로 자기를 지킬 수밖에 없다.

"자신감이 없어."

이런 생각은 문어와 함께 놀 때에는 문어가 되고 도미와 함께 놀 때에는 도미가 되는 식으로, 상대에 따라 자신의 색깔을 바꾸는 것과 같다. 즉, 맞추어 가는 방식으로 살아가는 수밖에 없는 것이다.

"자신감을 가져."

이렇게 말해 주어도 앞에서 소개한 붕어처럼 자기 자신을 모르는 상태에서는 도저히 자신감을 가질 수 없다.

자신감 없는 사람일수록 자신감을 잃는 행동을 한다

바다에서 생활하는 것이 고통스럽다는 것은 바다가 자기에게 맞지 않는다는 것이다. 그러나 오랜 세월 동안 살아온 장소를 바꿀 용기는 나지 않는다.

지금까지 이런 고통을 견디며 살아온 사람은 생활방식이 바뀌는 것을 두려워한다. 그 이유는 만약 장소를 바꾸었다가 더 고통스러워지는 것은 아닌가 하는 불안감 때문이다. 함께 있어 줄 수 있는 사람이 있다면 상대가 누구든 상관없다. 혼자 있는 것이 가장 두렵다.

아무리 고통스럽다고 해도 외톨이로 지내는 것보다는 낫다.

1. 어떻게 해야 열등감을 극복할 수 있을까?

동료라고 부를 만한 사람이 아니라 해도 누군가 함께 있어야 마음이 놓인다. 함께 있는 사람들이 모두 악인이라고 해도 혼자 있는 것보다는 낫다. 그 이유는 '자기'라는 존재를 모르기 때문이다.

사실은 이렇게 하고 싶다. 사실은 이런 음식을 먹고 싶다. 사실은 그 사람이 정말 싫다. 자기의 이런 마음을 모르고 있기 때문이다.

설사 붕어가 자기는 어떤 존재인지 모른다 해도 '사는 것이 고통스럽다.' '지금 살고 있는 장소가 마음에 들지 않는다.'고 느끼는 이유는 자기의 적성을 억제하고 무리하고 있기 때문이다. 그것을 자각해야 한다. 자각하면 결단을 내려 현재의 삶을 끊어 버릴 수 있다.

사는 것이 고통스러운 사람은 자기가 어떤 존재인지 생각해 보아야 한다. 붕어인지 도미인지, 아니면 문어인지 생각해 보아야 한다.

삶이 고통스러울 때는 자기 자신을 돌아보고 판단을 내려야 한다. 삶이 고통스럽다고 느끼는 이유는 무엇인가 맞지 않는 장소에서 살고 있기 때문이다. 잘못된 인간관계 속에서 살고 있기 때문이다.

　냉정하게 말한다면 당신은 지금까지 아무것도 생각하지 않고 다른 사람들에게 기대만 하면서 그저 내키는 대로 행동했을 뿐이다. 따라서 이제는 용기를 가지고 결단을 내려야 한다.

　당신이 결단을 내리지 못하는 이유는 자기 자신과 상대를 간파하고 있지 못하기 때문이다.

　우화로 돌아가서 붕어가 자기는 붕어라고 자각했다고 하자. 게다가 지금까지의 바다가 마음에 든다고 생각한다면 더 이상 고통스럽지 않다. 그래서 결단을 내린다. 앞으로도 바다에서 살겠다고. 그러나 지금까지의 붕어와는 다르다. 바다라는 세계에서 살아가는 붕어의 삶으로 살아간다.

　또 하나의 결단은 바다를 떠나는 것은 괴로운 일이지만 앞으로는 살기 편한 강에서 사는 것이다. 바다라는 세계를 알고 있기 때문에 앞으로 강에서의 생활은 자기답게 당당하게 살아갈 수 있다. 그리고 넓은 시야를 바탕으로 여유 있게 살 수 있다.

　결단을 내릴 수 없을 때, 망설일 때, 고통스러울 때에는 현재 자기가 놓여 있는 세계를 다시 한번 되돌아보는 것이 좋다. 이 세계에서 그대로 생활하는 것이 정말 좋은 것인지….

자기 자신을 모르면 아무리 노력해도 좋은 결과를 얻을 수 없다. 고통과 마찬가지로 '즐거움'이나 '기쁨'도 자기 자신을 이해할 수 있어야 느낄 수 있다.

사실 아기 다람쥐는 밤이 먹고 싶다. 하지만 엄마 다람쥐는 밤 같은 것은 먹지 말아야 한다고 말한다.

사실 엄마 다람쥐는 밤을 먹을 수 없기 때문에 그렇게 말하고 있을 뿐이다.

아기 다람쥐가 밤을 먹는 것을 보고 엄마 다람쥐는 무가 맛있다고 말한다.

아기 다람쥐는 무의식중에 무는 맛이 없다고 생각한다. 하지만 맛이 없다고 하면 엄마 다람쥐가 화를 낼 것이다.

아기 다람쥐는 무가 싫지만 훌륭한 다람쥐는 무를 좋아할 것이라고 생각하여 억지로 무를 먹는다.

하지만 아무리 열심히 노력해서 무를 먹어도 심리적인 충족감을 느낄 수 없다.

살아 있다는 실감은 충족감을 느끼는 데에서 발생한다.

좋은 것과 싫은 것에 대한 기준이 분명한 사람은 노이로제에 걸리지 않는다.

인간관계를 바꾸어 본다

인간관계를 바꾸는 것과 자기의 능력을 깨닫는 것은 깊은 관계가 있다. 지금의 인간관계를 바꾸면 자기의 능력을 깨닫게 된다.

토끼 집단에 있는 개구리는 토끼와 마찬가지로 점프를 할 수 있기 때문에 자기가 토끼라고 생각하게 되었다.

그리고 항상 토끼와 함께 있는 개구리는 자기의 점프력이 부족하다고 생각한다. 토끼만큼 높고 멀리 뛸 수 없기 때문이다.

그러나 개구리의 점프력은 결코 뒤떨어지는 것이 아니다. 개구리의 점프력은 완벽하다.

개구리가 열등감을 해소하려면 토끼 집단을 빠져나와 개구리 집단으로 돌아가야 한다.

그렇게 하면 열등감은 해소된다.

어린 시절 우리는 자전거 타는 방법을 어떻게 배웠을까? 균형 잡는 방법을 터득할 때까지 누군가가 자전거를 붙잡아 주었다. 그리고 조금씩 균형을 잡게 되면 우리가 모르는 사이에 그 사람은 손을 놓는다. 우리는 자기 힘으로 자전거를 탈 수 있게 되었지만 그 사실을 깨닫지 못한다.

생활도 마찬가지다. 우리는 능력이 있는데도 능력이 없다고 생각하는 경우가 있다. 자기는 다른 사람의 도움을 받으면서 자전거를 타고 있다고 생각하지만 자기도 모르는 사이에 그 사람은 손을 놓았고, 사실은 자기 혼자만의 능력으로 자전거를 탄다. 그렇게 자전거를 탈 수 있게 된 것이다.

즉, 실제로는 자기 힘만으로 자전거를 타는 것인데도 다른 사람의 도움을 받아서 타고 있다고 생각한다.

인생에는 이런 일이 흔히 있다. 실제로는 엄청난 능력을 갖추고 있는데도 능력이 없다고 생각하는 사람이 있다. 이것은 신경증 환자에게서 많이 볼 수 있는 현상이다.

신경증 환자 주위에는 신경증 환자 스스로 자기는 능력이 없다고 생각한다는 것을 알고 모이는 사람들이 있다. 신경증 환자의 그런 생각이 그들에게 유리하기 때문이다. 신경증 환자가 주위 사람들에게 도움을 받고 있다고 생각하면 주위 사람들은 신경증 환자에게 큰 도움이라도 베풀고 있는 것처럼 행세할 수 있다.

그렇기 때문에 신경증 환자의 주위에는 그 사람의 신경증이 낫지 않기를 바라는 사람들이 모인다. 주위 사람들의 도움 따위가 없어도 얼마든지 혼자서 일을 처리할 수 있고, 또 얼마든지 나름대로 인간관계를 형성할 수 있는데 말이다.

회의를 할 때 신경증 환자가 어떤 부탁을 하면 사람들은 그 부탁을 들어주려 하지만, 그 신경증 환자는 자기가 그런 말을 해도 사람들이 자기의 부탁을 들어주지 않을 것이라고 생각한다.

이처럼 자기의 능력을 과신하는 사람도 있지만 자기의 능력을 깨닫지 못하고 있는 사람도 있다.

열등감을 자신감으로 바꾸는 심리학

우리는 자기 자신을 미워해서는 안 된다. 자기의 능력을 깨달아야 한다!

 코끼리가 우물의 물을 먹었다. 여우가 그 흉내를 내서 우물물을 마시려다가 우물에 빠졌다. 그것을 보고 코끼리는 자기의 긴 코가 얼마나 위대한 것인지 깨달았다.

자신감 포인트

자신감 없는 사람은 실패를 두려워하고 자신을 미워한다. 그래서 지친다.
자신감 있는 사람은 있는 그대로의 자기를 드러내 보이고, 자신이 가치 있는 존재라고 생각한다. 그래서 행복해진다.

과거를 버릴 수 있는가?

솔직하게 감정을 드러내면 호감을 얻는다

당신은 이런 문제로 오해를 받고 있지는 않은가?

중학교 선생님이 어느 반에서 학생들의 태도가 나쁘다고 학생들을 꾸짖었다. 꾸짖은 뒤에 한 학생만 특별히 교무실로 불렀다.

"선생님이 야단을 치고 있을 때 넌 왜 웃고 있었지?"

선생님은 그 학생을 특별히 꾸짖었다. 선생님이 야단을 치고 있는데 웃고 있었다는 데에 화가 난 것이다. 그러나 그 학생은 부모에게 '어떤 경우에도 미소를 잃지 않는 것이 중요하다.'는 교육을 받았다.

이처럼 부모에게서 웃는 얼굴이 바람직하다는 교육을 받으면 야단을 맞을 때에도 웃는 아이가 있다. 웃음뿐 아니라 부모에게 교육받은 것을 모든 인간관계에 적용하는 경우는 많다. 그리고 그것 때문에 미움을 산다.

부모가 원하는 것에 맞추면 부모는 기뻐한다. 그래서 어린 시절부터 그렇게 하면서 살아왔다고 하자. 어렵게 표현하면 영합이라는 행동양식을 갖추게 되는 것이다.

그런데 어른이 된 이후에 상대방을 칭찬하는 것으로 그 마음을 사로잡으려다가 바람직한 결과를 얻지 못하는 경우가 있다. 그런 경우, 어울리지 않는 쓸데없는 칭찬을 해서 상대방에게 마음의 상처를 주어 오히려 미움을 산다.

사람은 뜻밖으로 모든 인간관계를 자기가 어린 시절 교육받은 틀 안에 집어넣어 판단하려 한다. 그 틀 안에서의 가치관으로 모든 사람을 상대한다. 그러나 부모와의 관계에서 기쁨을 안겨 주었던 방법이 모든 사람에게 기쁨을 안겨 주는 방법이 될 수는 없다. 사람들은 부모와는 다른 가치관을 가지고 있기 때문이다.

미국의 정신과 의사 조지 웨인버그의 말처럼 사람은 일단 지각(知覺)이 확립되면 그 지각에 맞는 행동을 한다. 그 때문에 여러 가지 문제를 일으키는 것이다. 그래서 오해를 받거나 마음의 상처를 받는다.

상대방을 기쁘게 해주려고 한 말이 오히려 상대방에게 상처를 입히고 기분 나쁘게 만든다. 그래서 다음에는 자기가 상처를 받는다. 그러나 상대방이 왜 기분 나쁜 표정을 짓는지 이해하지 못한다.

어머니에게 애교를 부리면 어머니는 기뻐한다. 그래서 어른이 된 후에도 애교를 부려서 인간관계에서 발생하는 문제를 해결하려 한다. 하지만 애교를 부리면 불쾌하게 생각하는 사람도 있다. 솔직하게 자기 감정을 표현했는데 아버지가 화를 냈다. 그러나 어른이 되면 솔직하게 자기 감정을 표현했을 경우, 오히려 호감을 얻는 경우도 있다.

호감을 얻으려다 미움을 사는 사람

순종하는 척하는 것으로 부모의 사랑을 받은 아이는 다른 사람의 마음에 들려면 예의바르게 행동하고 순종하는 것처럼 행동해야 한다고 생각한다. 그리고 결코 자기의 의견을 말하지 않는다.

그러나 그런 아이는 아이로서는 매력이 없다. 그래서 다른 아이들은 그 아이를 시시한 아이라고 낮게 평가한다. 하지만 그는 순종적인 성격을 바꾸려 하지 않는다. 자기가 다른 아이들과 친해질 수 없는 이유는 자기 의견을 가지고 있지 않기 때문이라는 사실을 깨닫지 못하기 때문이다.

사람들 각자의 성격은 그 자체가 안정된 것으로서 현재의 경향을 이어가는데 조지 웨인버그는 이것을 성격 특징에 있어서의 '동일성의 유지'라고 말한다.

사람은 호감을 얻기 위해 노력하지만 미움을 사는 경우가 많다. 그 이유는 자기의 언행이 미움을 사는 언행이라는 사실을 자신이 깨닫지 못하기 때문이다. 따라서 인간관계에서 자기의 언행이 예상한 효과를 거두지 못했을 때에는 그 이유가 무엇인지 반성하는 태도를 갖추어야 한다.

벨이 울릴 때마다 바닥에 설치한 금속판을 통하여 말의 발바닥에 전기충격을 주는 실험을 하면 말은 벨소리와 전기충격을 연관짓는다. 그리고 전기충격이 느껴지면 바닥에서 발을 뗀다. 이것은 유명한 파블로프의 조건반사에 해당한다고 할 수 있다.

열등감을 자신감으로 바꾸는 심리학

다음에는 전기회로를 끊는다. 그러나 말은 벨소리를 들으면 이전과 마찬가지로 바닥에서 발을 뗀다. 그리고 그렇게 발을 떼는 행위가 올바른 행위라고 더욱 확신한다.

폴 와즐러위크는 《당신은 오해받고 있다》에서 이렇게 말했다.

"사실 이 말은 과거에는 적절했지만 이제는 무의미해진 행위에 집착한다."

바닥에서 발을 떼는 이 행위는 과거에는 올바른 것이었다. 그러나 지금은 올바른 것이 아니다. 그런데 우리도 이 말과 비슷한 행동을 일상적으로 하고 있다. 어린 시절에는 그 반응이 옳은 것이었지만 어른이 된 지금은 올바른 것이 아닌 행동을 하는 경우가 많다.

다른 사람의 말에 상처받는 이유

다른 사람으로부터 무슨 말을 들으면 즉시 침울해하는 사람이 있다. 그 말에 악의가 있다고 생각하기 때문이고, 비난을 받았다고 생각하기 때문이다.

이런 반응은 유아기에는 올바른 것이었다. 이런 반응을 보고 '현미경으로 고민을 들여다보는 것'이라고 말하는 사람이 있는데, 사실은 '현미경으로 고민을 본다.'고 표현할 문제가 아니라 정말로 어린 시절에 그런 비난을 받은 경험이 있는 것이다. 그렇기 때문에 어른이 되어서도 아무렇지 않은 주의 정도에 풀이 죽어 버린다. 그리고 완전히 의욕을 상실한다.

상대방은 긍정적인 마음으로 주의를 주었다. 이러이러한 점을 고치면 훨씬 나아질 것이라는 적극적인 의미에서 주의를 준 것이다. 그러나 주의를 받은 쪽은 상처를 입고 의욕을 잃는다. 그 말 한 마디에 자기는 사람들에게 미움을 사는 인간이라고 판단해 버린다.

다른 사람의 말 한 마디에 즉시 의욕을 잃고 '죽고 싶다.'고 생각한다. 그리고 삶이 고통스럽다고 느끼기 시작한다. 그 말 한 마디에 인생 자체가 고통스럽다고 생각한다. 모든 것이 귀찮아진다. 주위 사람들은 그가 왜 그런 식으로 받아들이는지 이해하지 못한다.

열등감을 자신감으로 바꾸는 심리학

그는 어린 시절 사소한 문제 때문에 심한 꾸지람을 들은 경험이 있다. 그가 어른이 되었을 때 그에게 주의를 준 사람은 그를 꾸짖기 위해 그런 것이 아니다. 그 사람은 그가 잘못된 점을 고치면 더 나은 사람이 될 것이라는 전향적인 생각으로 주의를 준 것이다. 그러나 그는 어린 시절에 몸에 밴 방식으로 상대방의 말을 받아들이는 우를 범한 것이다.

사람은 뜻밖으로 간단히 관점을 바꿀 수 있다. 머리만으로도 바꿀 수 있다. 하지만 사물을 받아들이는 방식을 바꾸는 것은 쉽지 않다. 그것은 머리로 할 수 있는 일이 아니라 이미 형성된 뉴런의 네트워크 문제다.

물이 위에서 아래로 흐르듯, 그런 식으로 받아들이는 것이 그 사람에게는 자연스러운 것이다. 그렇게 받아들이는 방식에 이미 길들여 있는 것이다.

노이로제에 걸리고 싶어서 걸리는 사람은 없다. 그때까지의 주위 사람들과의 관계에 의해 노이로제에 걸리는 것이다. 노이로제에 걸린 부모가 자식에게 '노이로제에 걸리지 말라.'고 해도 무리다. 그것은 마치 늑대가 자기 새끼에게 토끼가 되라고 말하는 것과 같다.

결국 카렌 호나이의 말처럼 약간의 비난을 전면적인 거부로 받아들이게 된다. 따라서 약간의 비난도 이해하지 못한다. 그것이 신경증적 애정 요구가 된다.

❀ 머릿속에 새겨진 두려운 경험

그런 식으로 사물을 받아들이는 사람은 어린 시절에 주위로부터 거부를 당한 경험이 있다.

예를 들면, 어린 시절에는 정말로 완벽해져야 한다는 요구를 받았다. 그리고 완벽하지 않다는 점 때문에 끊임없이 꾸지람을 들었다.

"넌 왜 그 모양이니?"

이런 식으로 부모로부터 꾸지람을 들은 것이다.

그런 두려운 체험은 머릿속에 깊이 새겨지는데 그렇게 각인된 것을 어느 날 갑자기 지워 버리라고 하는 것은 무리다. 어른이 되어 주위 사람들로부터 애정이 깃든 충고를 들어도 그 말 한 마디에 어린 시절의 두려운 체험이 되살아난다. 그래서 죽고 싶다고 생각한다. 그것은 매우 자연스런 흐름이다.

사소한 문제를 큰 문제로 받아들이는 사람, 친절한 충고를 자기에 대한 전면적인 거부라고 받아들이는 사람, 그런 사람들은 원래 거부당한 세계에서 살아온 것이다.

노이로제에 걸리는 사람은 거부당한 세계에서 살아왔기 때문에 사물을 그런 식으로밖에 받아들이지 못한다. 따라서 상대의 말을 받아들이는 방식을 갑자기 바꾸라고 요구하는 것은 무리다.

그렇기 때문에 다른 사람으로부터 충고를 들으면 그것이 아무리 애정이 깃든 충고라 해도 자기는 그 사람에게 거부당한 것이라고 받아들인다. 그리고 자기는 더 이상 사랑받을 수 없는 존재라고 생각한다. 결국 인생에 희망을 잃는다. 그때까지 희망을 가지고 밝은 마음으로 살아왔어도 그 충고 한 마디에 모든 희망을 잃어버린다. 지금까지 활기에 넘쳤던 모든 것이 갑자기 귀찮아진다.

조금 전까지 밝았던 마음이 거짓말처럼 어두워진다. 그래서 어떻게 행동해야 좋을지 판단이 서지 않는다. 단 한 마디의 충고, 별 뜻도 없는 말 한 마디 때문에 끝없는 나락으로 빠져드는 듯한 기분을 느낀다. 그다지 중요한 말도 아닌데 참을 수 없을 정도의 고통을 느낀다. 그 말 한 마디 때문에 인생이 끝나는 것도 아닌데 인생이 끝난 것이라고 생각한다.

심리적으로 건강한 사람의 입장에서 보면 조금만 노력하면 충분히 해결할 수 있는 일을 도저히 해결할 수 없는 문제로 받아들이는 것이다.

82 피책망상(被責妄想)이란 무엇인가?

'피책망상'이란 내가 피해망상이라는 말에서 따서 만든 말이다. 피해망상이 피해를 입은 것도 아닌데 마치 피해를 입은 것처럼 느끼듯, 피책망상은 비난을 받은 것도 아닌데 마치 비난을 받은 것처럼 느끼는 것이다.

열등감을 자신감으로 바꾸는 심리학

어린 시절부터 꾸지람을 들으며 살아온 사람이 있다. 그는 정말 열심히 노력했는데도 꾸지람만 들으면서 살아왔다.

그가 이렇게 된 이유는 부모가 자기의 감정을 푸는 대상으로 아이를 선택했기 때문이다. 부모는 아이를 꾸짖는 것으로 자기의 감정을 풀었다. 아이를 꾸짖는 것으로 자기 마음의 상처를 치유했다.

부모가 불쾌해지면 아이는 자기가 나쁜 짓을 했기 때문에 부모의 기분이 나빠진 것이라고 해석한다. 그리고 부모가 불쾌해진 원인을 자기가 제공한 것이라고 스스로를 책망한다.

드라이브를 가려 할 때 비가 내리면 그것만으로도 아이는 죄책감을 느낀다. 자기에게 문제가 있기 때문에 비가 내린 것이라고 생각한다. 부모의 기분이 나빠지면 아이는 자기에게 그 책임이 있다고 느낀다.

그런 식으로 자라면 어른이 되어 상대가 불쾌한 표정을 지을 경우에 자기에게 문제가 있다고 생각하게 된다. 상대가 한숨을 내쉬면 그것도 자기 때문이라고 받아들이고, 상대가 후회하는 모습을 보이면 그 원인이 자기에게 있다고 생각한다.

상대가 불쾌해지는 이유는 자기가 해야 할 일을 하지 않았기 때문이라고 생각하고 그 때문에 자기는 미움을 사고 있다고 받아들여 어떻게 해야 좋을지 모르는 초조한 태도를 보인다. 그래서 누구보다 열심히 일하고 누구보다 열심히 노력하면서도 항상 주눅든 태도를 버리지 못한다.

그런 피책망상 때문에 고통을 받는 사람은 삶 자체가 괴롭다. 삶이 지옥인 것이다. 그러나 겉으로 보면 가난한 것도 아니고 질병 때문에 입원할 상황도 아니다. 따라서 그 사람의 겉모습만 본 사람은 그가 왜 괴로워하는지를 이해하지 못한다.

피책망상뿐 아니라 열등감이 강한 사람 역시 과거에 얽매인 채 살아간다. 만약 당신이 그런 사람이라면 아무리 어려운 일이라 해도 반드시 그런 과거와 결별해야 한다. 당신은 이 세상에서 거부당하고 있는 것이 아니기 때문이다.

과거의 망령 때문에 고민하지 말고 미래를 보자. 과거를 버린다는 것은 과거를 후회하는 것이 아니다. 그런 과거가 있었기 때문에 지금의 행복이 있다고 말할 수 있도록 적극적이고 긍정적으로 살아가는 것이다.

자신감 포인트

자신감 없는 사람은 사소한 문제를 큰 문제로 받아들이고 친절한 충고를 전면적인 거부라고 생각한다. 그래서 인생에 희망을 잃는다.

자신감 있는 사람은 충고를 하면 무엇이 문제인지 반성하는 태도를 보인다. 그리고 노력하면 충분히 해결할 수 있다고 생각한다. 그래서 희망을 가지고 밝게 살아간다.

2

어떻게 해야
자신감을 가질 수 있는가?

🌱

자신감 있는 사람은 자기 자신을 있는 그대로 받아들인다

🌱

마인드풀니스(mindfulness)란 무엇인가?

🌱

자기 이외의 문제에 관심을 가질 수 있는가?

자신감 있는 사람은

자기 자신을 있는 그대로 받아들인다

☂ 존경이 아닌 커뮤니케이션을 원해라

누구나 열등감 때문에 상처받은 마음은 치유하고 싶어한다. 그래서 자랑을 늘어놓는다. 허세를 부리며 자기를 과시한다. 그러나 그런 식으로 자기를 과시해도 열등감은 더욱 깊어질 뿐이다. 자기를 과시해도 상황은 바뀌지 않는다. 현실은 아무것도 바뀌지 않는다. 단, 자기를 과시하는 사람의 마음은 바뀐다.

자기를 과시하면 열등감은 복리방식으로 증가해 간다. 조지 웨인버그의 말처럼 행동은 그 배후에서 동기가 되어 있는 사고방식을 강화하기 때문이다.

스스로를 내세우기 위해 자랑하는 이유는 열등감이 있기 때문이다. 그러나 자랑을 늘어놓으면 그 동기가 된 사고방식, 즉 자기가 이 상태로 있으면 누구도 상대해 주지 않을 것이라는 사고방식을 더욱 굳혀 준다.

그렇다면 마음의 상처를 치유하려면 어떻게 해야 좋을까? 열등감 때문에 발생한 마음의 상처를 치유하려면 낙담을 함께 짊어질 수 있는 사람을 찾아야 한다.

이렇게 말하면 그런 사람이 어디에 있느냐고 반박할지도 모른다. 그러나 있다. 분명히 그런 사람이 당신 주변에 있지만 깨닫지 못하고 있을 뿐이다. 당신 자신이 그런 사람을 피하고 있을 뿐이다.

열등감이 강한 사람은 커뮤니케이션보다 존경을 원한다. 그렇기 때문에 자기 편을 적으로 생각한다. 그리고 적을 자기 편으로 생각한다. 주위 사람들 중에서 어떤 사람이 자기 편인지 깨달을 때 열등감은 치유된다.

자신감 없는 사람은 상대로부터 '존경'을 원하지만 자신감 있는 사람은 상대와의 '커뮤니케이션'을 원한다. 자신감 있는 사람에게 있어서 다른 사람들의 존경은 의미가 별로 없다. 적어도 자신감 없는 사람처럼 중요하게 생각하지 않는다.

자신감 없는 사람은 커뮤니케이션보다 존경을 원한다. 존경을 받으면 무엇보다 기뻐한다. 그 순간 열등감 때문에 상처받은 마음이 치유된다.

자신감 없는 사람은 연애할 때도 상대방에게 존경을 원한다.

그리고 상대방이 존경해 주면 무엇보다 기뻐한다. 자기 자신을 속이고 상대방을 기만하더라도 존경을 받는 게 더 가치가 있다고 믿기 때문에 점점 자기를 가장해서라도 존경을 원한다.

✿ 자기 자신을 속이는 대가의 크기

정년퇴직을 한 어떤 교수가 부인에게 이렇게 말했다.

"대학에는 아직 내 방이 있어. 특별대우를 받고 있거든."

그 대학은 명예교수가 된 사람의 방은 정년 후에도 그대로 남겨 둔다. 그러나 그렇지 않은 교수의 방은 정년퇴직을 하면 없애 버린다. 그는 정년퇴직을 한 후에도 자기가 그 정도로 대우받고 있다는 거짓말을 한 것이다. 자신감 없는 남성은 부인에게 거짓말을 해서라도 존경을 받고 싶어한다.

사실 정년퇴직을 하면서 명예교수가 될 수 없었다는 낙담을 함께 짊어져 줄 사람은 부인이다. 그러나 자신감 없는 이 남성은 무거운 짐을 함께 짊어져 줄 배우자에게까지 거짓말을 하면서 허세를 부리며 스스로를 가장해 보였다.

자신감 있는 사람의 입장에서 볼 때 존경은 자기를 가장하는 희생을 치르면서까지 얻어야 할 가치가 있는 것은 아니다. 자신감 있는 사람은 상대가 아무리 멋진 이성이라고 해도 있는 그대로의 모습으로 만날 수 없다면 교제하려 하지 않는다.

그것은 자기 실현의 기쁨을 경험해 본 적이 있기 때문이다. 자기 실현이라는 기쁨에 비하면 존경받는 데에서 얻을 수 있는 기쁨은 별게 아니다.

자신감 있는 사람이란 자기 실현의 기쁨을 알고 있는 사람이다. 자기 실현의 기쁨을 알게 되면 실제의 자기 자신을 솔직하게 받아들일 수 있다.

자신감 있는 사람은 존경받기 위해 자기 자신을 가장해 보이지 않는다. 자기 자신을 가장해 보였을 때에 얻을 수 있는 대가가 어느 정도인지 그 크기를 잘 알고 있기 때문이다.

물론 멋진 이성은 누구에게든 가치가 있다. 그러나 자기 자신은 그 이상으로 소중한 존재다. 그렇기 때문에 자기 자신을 가장하면서까지 그 멋진 이성과 교제하려 하지는 않는 것이다.

열등감을 자신감으로 바꾸는 심리학

그리고 인간관계는 묘한 것이어서 존경을 원하는 사람 주위에는 그 사람 자체를 인정하지 않는 사람들만 모인다. 즉, 존경을 원하는 사람은 항상 '나는 이렇게 훌륭한 존재야.'라고 자기의 가치를 주위에 증명해 보여야 하는데, 그것은 스트레스로 가득 찬 환경을 만든다.

자기의 가치를 끊임없이 증명해 보이려는 사람은 상대를 배려할 여유가 없다. 즉, 편의를 보아 주거나 이해해 주지 못한다. 따라서 상대를 사랑할 수 없다.

항상 자기의 가치를 증명해 보여야 한다는 생각만 하기 때문에 상대가 무엇을 요구하고 있는지 생각할 여유가 없다. 상대가 상처받을 수 있는 언행을 하면서도 그 사실조차 깨닫지 못한다. 때로는 자기의 가치를 증명해 보이기 위해 상대에게 상처를 줄 수 있는 말을 하기도 한다.

☂ 항상 인정해 달라고 외치는 사람

예를 들어, 열등감이 심각한 남편이 아내의 기억력이 나쁘다는 점을 이유로 툭하면 이렇게 비웃었다.

"당신은 정말 한심해!"

그러나 이것은 자기의 기억력을 인정해 달라는 남편의 호소일 뿐 아내를 정말 한심하게 생각하는 것은 아니다.

아내를 비웃는 남편은 자기의 가치를 증명하기 위해 필사적으로 노력할 뿐이기 때문에 자기의 비웃음이 아내에게 상처를 준다는 사실을 깨닫지 못한다. 상대의 마음을 배려할 수 있는 여유가 없는 것이다.

남편은 애정에 대한 욕구가 충족되어 있지 않다. 따라서 모든 사람들이 자기에게 관심을 기울여 주기를 바란다. 모든 사람들이 자기를 인정해 주기를 바라고, 머리 좋은 사람이라고 칭찬해 주기를 바란다.

그런데 그렇지 않기 때문에 "당신은 정말 한심해!"라는 식으로 아내를 비웃는 것이다. 사실, 아내는 남편의 머리가 나쁘다고 생각하지 않는다. 오히려 머리가 좋다고 생각한다. 하지만 남편은 아내가 자기를 그렇게 생각하고 있다는 사실을 깨닫지 못한다.

또 자신감이 없을 때는 난폭해지면서 폭력을 행사하는 경우도 있다. 그러나 기분이 좋을 때는 "당신은 정말 한심해!"라는 식으로 비웃는 태도를 보인다.

남편은 자기 자신의 능력에 자신감이 없다. 그러나 그것을 스스로 인정하지 못하고 모든 사람이 자기의 능력을 인정해 주기를 바라기 때문에 아내를 비웃는 것으로 자기의 능력을 과시하려는 것이다.

"당신은 정말 한심해!"

이 말에 아내는 상처를 받는다. 그러나 남편이 이 말을 하게 된 동기를 이해하는 아내는 남편이 열등감 때문에 괴로워한다는 사실을 깨닫는다.

또 자기의 가치를 증명해 보이려다가 실패하면 그 사람 자신이 상처를 입는다. 자기의 가치를 증명해 보이려는 사람은 앞에서 설명한 대로 자기는 물론이고 상대방에게도 상처를 입히는 경우가 많다.

자기 과시라고 표현할 정도는 아니지만 건방진 태도를 취하는 경우도 스스로에게 자신감이 없을 때다.

이렇게까지 자기의 능력을 인정받고 싶어하는 이유는 자기 실현이라는 기쁨을 경험해 본 적이 없기 때문이다. 자기 실현이라는 기쁨을 경험하면 다른 사람에게 인정받는 것은 이차적인 문제로 느껴진다.

항상 인정해 달라고 외치는 사람이 있다. 그런 사람은 개구리가 연못에서 자기는 개구리라고 외치고 있는 것과 같다.

연못에서 생활하고 있으면 사람들은 당연히 그가 개구리라고 생각한다. 굳이 고함을 질러 자기를 드러내 보이지 않아도 사람들은 그가 개구리라는 사실을 잘 알고 있다.

이런 개구리는 자기가 연못에서 생활하고 있다는 사실을 깨닫지 못한다. 연못에 있다는 사실을 깨닫지 못할수록 두려움에 젖은 생활을 하게 된다.

"나는 개구리야!"

이렇게 외치는 개구리는 연못과의 접점이 없다. 주위에는 모두 적들뿐이다. 물론 과거에는 그렇게 자기 주장을 하지 않으면 사람들이 인정해 주지 않았다. 하지만 지금은 그렇지 않다.

세상의 폭이 넓어진 것이다.

그러나 자기를 인정해 달라고 외치는 사람의 심리세계는 과거와 마찬가지로 좁은 세계다. 앞에서 설명한 남편은 이 개구리와 마찬가지다.

☂ 진정한 존경은 무엇인가?

커뮤니케이션을 추구하는 사람, 즉 자신감 있는 사람 주위에는 그 사람과 마찬가지로 커뮤니케이션을 추구하는 사람들이 모인다. 이 사람들은 상대 그 자체를 인정하는 사람들이다. 바로 거기에서 현실적인 상대의 약점을 받아들이면서도 상대를 존경하는 '진정한 존경'이 발생한다.

청년시절에는 흔히 '허상'에 얽매이는 경우가 많아서 존경하고 있던 사람의 실제 모습을 보고 낙담하기도 한다. 그러나 그런 경우에도 대부분은 그 사람 자신이 심리적으로 성장하지 못한 경우가 많다. 자기 자신을 받아들이지 않기 때문에 상대방에게 쉽게 또는 극단적으로 실망하는 것이다.

상대의 현실적인 모습을 받아들인 상태에서 존경하는 것이 심리적으로 성장한 사람의 존경이다. 스스로를 받아들일 수 있기 때문에 상대의 현실도 받아들일 수 있다. 심리적으로 성장한 사람의 존경은 친근감과 연결되어 있기 때문에 상대와 가까워지더라도 상대에 대한 존경은 그대로 유지한다.

심리적으로 성장하는 데에 실패한 경우, 존경은 두려움과 연결되며 친근감과는 연결되지 않는다. 따라서 가까워지는 것은 상대를 경시하는 태도와 연결된다.

커뮤니케이션이 아닌 존경을 원하는 사람, 즉 자신감 없는 사람의 존경은 상대와 자기에게 약점이 있을 경우 그것을 용서하지 않는다. 그래서 약점은 존경에 장애가 된다.

그러나 커뮤니케이션을 원하는 사람들 사이에서는 약점은 서로를 존경하는 마음에 장애가 되지 않는다. 상대가 신이 아니라는 점을 받아들인 상태에서의 존경이기 때문이다. 즉, 커뮤니케이션을 원하는 사람끼리의 존경은 인간 자체에 대한 존경이다. 하지만 자신감 없는 사람은 약점을 거부한다.

　불행한 것은 상대가 그 사람에게 가치를 증명하라는 요구를 하지도 않았는데 필사적으로 자기의 가치를 증명해 보이려는 태도다. 이런 태도는 자신감 없는 사람과 자신감 있는 사람의 만남에서 자주 발생한다.

　상대는 커뮤니케이션을 원하는데 자신감 없는 사람은 자기의 가치를 증명해 보여 존경을 받으려 한다. 그러나 자기의 가치를 증명하려다 보면 스트레스 때문에 고통스런 결과를 가져와 상대에게 마음을 활짝 열 수 있는 여유는 가질 수 없다.

☂ 자신감이 없으면 다른 사람의 허세도 간파할 수 없다

　자기를 과시하는 사람은 자신감이 있는 것이 아니라 상대에게 주눅이 들어 있을 뿐이다. 상대가 자기를 인정하지 않는 것이 아닐까 해서 두려워한다. 좀더 극단적으로 말한다면 상대가 자기의 적이라고 생각한다.

법학자이고 정치학자이며 위대한 모랄리스트인 칼 힐티는 다음과 같이 말했다.

"특별한 비난이나 비웃음 뒤에는 마음속의 동요에 대해 자기를 지키려는 의도만 존재하는 경우가 많다."

열등감이 강한 사람일수록 이런 반동형성적(反動形成的)인 언행에 속기 쉽다.

소심하면서 대범한 '척'한다. 작은 그릇이면서 큰 그릇인 '척'한다. 기가 약한 사람이면서 기가 강한 사람인 '척'한다. 그런 사람에게 속는 사람은 모두 자신감이 없는 사람이다. 자신감 없는 사람은 다른 사람의 허세를 간파하지 못한다. 그래서 허세를 부리는 사람에게 속는다. 허세를 부리는 사람을 보고 대단한 사람이라고 존경한다.

때로는 자기의 인생을 그 사람에게 걸고 평생 휘둘리는 사람도 있다. 그것은 분명 가슴 아픈 일이지만 사실은 허세를 부리는 사람에게 속는 그 사람의 삶 자체에 거짓이 존재하기 때문에 그런 결과가 나온 것이다.

상대의 심리를 간파할 줄 알아야 한다는 말이 있다. 그것은 자신감 없는 사람을 대상으로 하는 말이다. 요컨대 자신감 없는 사람은 다른 사람의 부자연스런 언행을 간파하지 못하기 때문에 상대에게 압도당하는 것이다.

정서적으로 성숙하지 못한 사람은 사람을 상품으로 비유할 경우, 진짜와 가짜를 구별하지 못하기 때문에 그것이 원인이 되어 큰 실패를 맛본다.

골동품의 경우도 그것을 감정할 수 있는 안목이 있는 사람과 그 가치를 간파하지 못하는 사람이 있다. 골동품 장사를 하는 사람이 감정을 할 줄 아는 안목이 없으면 쉽게 속는다.

골동품 같은 장사뿐 아니라 사회생활을 하는 사람이라면 누구나 다양한 사람들을 상대한다. 문제는 상품이 아닌 사람인 경우다. 사람이 큰 실수 없이 평생을 보내는 것은 매우 어려운 일이다.

나 자신, 내 인생의 중대한 좌절은 모두 사람을 정확하게 간파하지 못한 것이 원인이었다. 만약 내가 심리적으로 성장해 있어서 상대를 정확하게 간파할 수 있었다면 내 인생의 중대한 고민은 대부분 피할 수 있었을 것이다.

나 자신의 인생을 돌이켜 생각해 보면 나의 심리적인 결함이 드러난 것이 인생 최대의 위기였다. 물론, 인생에는 행운도 있고 불운도 있다. 그러나 심리적인 결함은 운이 좋고 나쁜 것을 떠나 반드시 어느 부분에선가 드러나게 되어 있다.

예를 들면, 누군가가 자기를 칭찬해 주면 즉시 그가 좋은 사람이라고 생각하는 경우가 있는데 이것은 열등감이 강하기 때문에 발생하는 실수다. 자신감 있는 사람이라면 그런 어설픈 칭찬에 결코 현혹되지 않는다.

다른 사람의 입장에 서서 그 사람의 입장을 이해하지 못하기 때문에 그 사람의 고통을 이해하지 못한다. 결국 그 사람이나 세상을 우습게 보게 되며 그것이 중대한 실패와 연결된다.

열등감을 자신감으로 바꾸는 심리학

자신감 포인트

자신감 없는 사람은 상대로부터 존경을 원한다. 그래서 자기를 과시한다. 그러나 현실은 아무것도 바뀌지 않는다. 열등감만 더욱 깊어질 뿐이다.

자신감 있는 사람은 상대와의 커뮤니케이션을 원한다. 커뮤니케이션을 원하는 사람끼리의 존경은 친근감과 연결되어 있어 상대와 가까워지더라도 상대를 존경하는 마음은 그대로 유지된다.

마인드풀니스(mindfulness)란 무엇인가?

✿ '깨달음'의 심리적 효과

심각한 열등감 때문에 고민하는 사람은 마음의 상처에 얽매여 있다. 따라서 마음의 상처에만 신경을 쓴다. 주위 사람들로부터 바보 취급을 받는 것은 아닌가 하는 점에만 관심을 가진다. 주위 사람들이 자기를 우수한 인재라고 생각하고 있을까 하는 점에만 관심을 보인다.

열등감이 강한 사람은 현재 자기가 놓여 있는 상황을 즐길 수 없다. 현재를 살아갈 수 없다. 현재를 살아갈 수 없다는 것은 열등감이 존재한다는 증거다.

심각한 열등감 때문에 고민하는 사람의 가장 큰 문제는 다른 사람보다 우월한 인간이 되어야 한다는 데에만 관심을 가진다는 것이다. 따라서 열등감을 해소하려면 자기 실현에 흥미를 가져야 한다.

그렇다면 어떻게 해야 자기 실현에 흥미를 가질 수 있을까?

어떻게 해야 자기 실현에 관심을 가질 수 있을까?

나는 일본정신위생학회 제10회 대회장으로서 그 기념강연에 하버드 대학의 엘렌 랭거 교수를 초청했다. 그때 그녀는 강연에서 자기가 조사한 다음과 같은 내용을 이야기해 주었다.

"미국 여성들 대부분이 풋볼을 싫어하지만 랩 음악을 싫어하는 사람도 많습니다. 클래식 음악을 싫어하는 사람도 있지요. 그리고 그림을 싫어하는 사람도 있습니다. 이런 식으로 같은 대상을 싫어하는 사람들을 각각의 그룹으로 분류해서 싫어하는 대상에 대해 자세히 관찰하게 했습니다."

첫 번째 그룹에는 아무 말도 하지 않았다.

두 번째 그룹에는 이렇게 말했다.

"당신이 싫어하는 대상이 랩 음악이든 풋볼이든 또는 클래식 음악이든 그 대상을 자세히 관찰하고 새롭게 깨달은 세 가지 특징을 지적하십시오."

세 번째 그룹에는 여섯 가지, 네 번째 그룹에는 아홉 가지를 지적하라고 했다.

그런데 가장 많은 특징을 지적하라는 요구를 받은 그룹, 즉

아홉 가지의 특징을 지적하라는 요구를 받은 그룹이 세 가지 특징을 지적하라는 요구를 받은 그룹보다 그 대상에 대해 더 많은 관심을 보이게 되었고, 과거에는 싫어했던 대상을 좋아하게 되었다.

이것은 '깨달음'에 관한 실험이다. 그리고 여러 가지 특징을 깨닫는 것이 얼마나 심리적으로 효과가 있는지 잘 보여 주는 결과다.

풋볼에 대해 지금까지 싫어했고 흥미가 없었던 사람들이 새로운 특징을 발견하기 위해 노력한 결과, 오히려 관심을 가지게 된 것이다. 물론 엘렌 랭거 교수는 그들에게 정보를 제공해 주지 않았다. 단지 이렇게 말했을 뿐이다.

"지금까지 깨닫지 못했던 특징을 발견할 수 있도록 노력해 보십시오."

사람에 대해서도 마찬가지다. 마음에 들지 않는 사람 또는 싫어하는 사람에 대해 새로운 특징을 발견하려고 노력하면 그 사람에 대한 감정은 확실히 달라진다. 또 전혀 관심이 없었던 사람에 대해서도 약간은 관심을 가지게 된다.

어떤 어머니가 말을 듣지 않는 아이가 갈수록 미워지는데 어떻게 해야 좋을지 상담을 받으러 왔다. 그래서 이렇게 충고해 주었다.

"말을 듣지 않을 때, 그 아이의 태도를 자세히 관찰해 보십 시오."

겉으로는 부모의 말을 무시하는 것처럼 보이지만 손가락을 끊 임없이 움직인다거나 말대답을 할 때 목소리에 자신감이 없거 나 여느 때와 달리 표정에 활기가 없다거나 무엇이든 상관없으 니까 진지하게 관찰하고 그 변화를 감지하라는 충고였다.

그 결과, 그 어머니는 아이의 말대답이나 반항적인 태도에 대 한 혐오감이 점차 줄어들었다고 한다.

☂ 좀더 폭넓은 관심을 가질 수 있는가?

어떤 대학교수는 자기가 근무하는 대학이 싫었다. 학문 자체 가 싫었다면 대학원에 진학하지도 않았을 테고 공부를 계속하지도 않았을 것이다. 그가 마음에 들어하지 않는 것은 학문 연구나 공부는 아니었다.

물론, 다른 직업보다 학자가 훨씬 가치 있다는 부모님의 권유에 떠밀려 대학원에 진학하는 사람도 있지만 그의 경우에는 달랐다. 그가 대학이 싫다고 생각하게 된 이유는 그곳에서의 인간관계 때문이었다. 동료 교수와의 관계가 마음에 들지 않았던 것이다.

그리고 인간관계가 문제라는 사실을 분명하게 이해하게 된 순간, 지금까지와는 달리 대학이 나름대로 마음에 들게 되었다고 한다. 인간관계 이외의 다른 일에 주의를 기울이게 되었기 때문이다.

이번에 소개하는 예는 엘렌 랭거 교수가 저서《마인드풀니스(Mindfulness)》에 쓴 내용이다.

뉴잉글랜드 지방의 겨울은 엄청나게 춥다. 그 추위가 싫어서 하버드 대학의 교수직을 그만두고 싶어하는 사람도 있을 정도다. 그런 뉴잉글랜드 지방의 겨울이 싫다는 사람에 대해 생각해보라고 엘렌 랭거 교수는 말한다.

그가 그곳을 싫어하는 이유를 좀더 세밀하게 분석해 보면 자기가 정말로 싫어하는 것은 겨울 자체가 아니라 두꺼운 겨울옷을 입어야 한다는 것, 그리고 그런 옷을 입으면 움직임이 거북하다고 느끼기 때문인지도 모른다. 방한 효과가 뛰어난 재킷과 난방이 잘 되는 자동차가 있다면 그의 생각은 바뀔지도 모른다.

뉴잉글랜드의 겨울에서 정말 싫은 대상은 무엇인가?

뉴잉글랜드 지방의 겨울을 동경하여 그 지방에 있는 대학에 진학하려는 젊은이도 있다. 겨울에 스키를 마음껏 즐길 수 있다는 이유에서 뉴잉글랜드 지방의 대학을 선택하는 학생도 있다.

겨울의 추운 날씨가 싫어서 그곳에서 이사를 나오는 사람도 있지만 그런 날씨가 좋아서 그곳으로 이사를 가는 사람도 있다.

이처럼 세밀하게 분석하려면 뉴잉글랜드 지방의 겨울에 관심을 가질 수밖에 없다. 그 결과, 자기가 지금까지 생각하지 못했던 세계에 관심을 가지게 된다.

✤ 세밀한 부분을 깨닫는다는 것

요즘에는 책이 좀처럼 팔리지 않는다. 그러자 서점은 신간 서적 이외에는 대부분 반품을 해버린다. 어떤 책이 팔리지 않는지, 왜 팔리지 않는지 전혀 고려하지 않는 서점도 있다. 책에 흥미가 없는 서점이다. 왜 팔리지 않는지 생각해 보면 책에 흥미를 느끼게 된다.

책의 내용뿐 아니라 그 책의 표지에 인쇄된 글자가 어떤지, 그 책의 표지 색깔이 어떤지 조사하다 보면 책에 흥미를 느끼게 된다.

베스트셀러를 출판하면서도 결과적으로 손해를 보는 출판사는 의외로 많이 있다. 베스트셀러가 된 그 책을 너무 많이 찍어내기 때문이다. 서점에 높이 쌓여 있을 때에 독자들이 흥미를 잃으면 즉시 반품이 되고, 결국 손해를 본다.

또 어떤 내용의 베스트셀러가 그런 결과를 가져오는지 조사는 하지 않고 일정한 시기가 되면 주문이 있는데도 인쇄를 멈추는 출판사도 있다.

"이런 내용이라면 앞으로도 더 팔릴 수 있을 거야. 이런 내용이라면 독자들이 즉시 흥미를 잃을 거야."

이렇게 개별적으로 그 책 자체의 내용을 바탕으로 판단하려 하지 않는다.

이처럼 '베스트셀러는 무엇인가?' 하는 점에만 얽매여 베스트셀러를 일반화시키는 것은 책에 관심이 없는 출판사 직원이다. 원래 출판이 좋아서 출판사에 들어온 직원이 아닌 경우가 많다.

어쨌든 각각의 차이를 깨달을 수 있도록 노력하면 조금씩 흥미를 느끼게 된다.

회사가 마음에 들지 않는 비즈니스맨이 있다. 그런 경우에는 회사가 마음에 들지 않는다는 점만 생각하지 말고 자기가 왜 회사를 싫어하는지 진지하게 생각해 보아야 한다.

"회사는 무엇인가?" 하는 막연한 생각이 아니라 좀더 세밀하게 분석해 보는 것이다. 직장생활의 어느 부분이 왜 싫은지 구체적으로 세분화해 생각해 보는 태도가 '깨닫는다.'는 것이다.

요리를 생각해 보자. 당근을 싫어하는 아이에게 어떻게 하면 당근을 먹일 수 있을까? 잘게 썰어서 당근이라고 알 수 없게 만들어 먹이면 된다.

열등감을 자신감으로 바꾸는 심리학

　나는 야채나 과일로 주스를 만든다. 누구나 당근이 지저분하다고 해서 그냥 버리지는 않을 것이다. 깨끗하게 씻어 먹으면 되고 상한 부분이 있으면 그 부분을 잘라내고 먹으면 된다. 그렇게 하면 마지막에는 당근이 제 모습을 잃어 당근인지 알아보기 어렵다. 사과 역시 그런 식으로 먹으면 사과라는 사실을 알아보기 어렵다.

　요리를 할 때에는 식칼을 사용해서 재료를 자른다. 그와 마찬가지로 사람이나 직장생활도 세분화할 수 있다. 식칼 대신 머리로 세분화하는 것이다.

　회사에서 어떤 일이 마음에 들지 않아 회사에 가고 싶지 않다고 하자. 그렇다면 왜 그 일을 맡은 것일까? 만약 그 이유가 출세하고 싶기 때문이었다면 어쩔 수 없이 받아들여야 한다. 그리고 그 일을 하지 않더라도 출세할 수 있는 방법은 없는지 생각해 본다. 그렇게 하면 회사에 관심을 가지게 될 수도 있다.

　임원에게 반감을 가지기 전에 임원의 복장을 살펴보아야 한다. 사장이 어떻게 행동하는지 그 자세부터 살펴보아야 한다.

　그리고 그 일이 왜 싫은 것인지 생각해 본다. 일 자체가 싫은 것이 아니라 함께 일을 하고 있는 사람이 마음에 들지 않기 때문일 수도 있다. 어쩌면 그 사람이 입고 있는 양복 색깔이 마음에 들지 않을 수도 있다.

같은 부서에 근무하는 직원에 대해 막연히 마음에 들지 않는다는 식으로 생각하는 태도는 버려야 한다. 다른 부서에 근무하는 마음에 들지 않는 사람과 비교해서 생각해 본다. 그리고 다른 회사의 직원과도 비교해서 생각해 본다.

이렇게 세분화해서 관찰해 보는 태도가 중요하다. 그렇게 하면 같은 부서에 근무하는 직원이 뜻밖으로 그렇게 나쁘지 않은 사람이라고 생각하게 될 수도 있다.

요리와 마찬가지로 상대의 특징을 구체적으로 세분화하다 보면 어느 순간 그 사람이 싫다는 감정은 눈 녹듯 사라질 수도 있다. 함께 일하는 동료가 싫은 것이 아니라면 업무의 어떤 부분이 싫은 것인지 구체적으로 세분화해 본다.

예를 들어, 당신이 부장이라면 신입사원들의 어떤 부분이 싫은가?

열등감이 강한 사람은 주변상황의 어떤 점이 마음에 들지 않는지 진지하게 살펴보아야 한다. 외부로 눈길을 돌리려면 작은 문제부터 깨달을 수 있어야 한다.

🌴 열등감 강한 사람이 관심을 가지는 문제

엘렌 랭거 교수는 다양한 문제에 관심을 보이는 심리 상태를 마인드풀(mindful)이라고 표현한다. 반대로 아무런 관심도 보이지 않는 심리 상태를 마인들리스(mindless)라고 표현한다.

열등감을 해소하려면 마인드풀을 갖출 수 있도록 연습해야 한다. 자기는 열등감이 강해서 모든 일이 뜻대로 풀리지 않는다는 이유 때문에 고민하는 사람은 마인드풀니스가 될 수 있도록 노력해야 한다.

나는 엘렌 랭거 교수가 말하는 마인드풀니스 요법과 모리타 요법에는 공통점이 있다고 생각한다. 나는 모리타 요법의 전문가는 아니지만 그것과 관련 있는 책을 읽어 보면 다음과 같은 내용이 씌어져 있다.

"걸레질 같은 것을 시키는 것으로 자기에게만 집중되어 있는 의식을 조금이라도 외부로 향하게 할 수 있다."

이런 식으로 실제로 무엇인가 작업을 하는 것도 좋은 방법이지만 마인드풀니스 요법도 꽤 괜찮은 방법이라는 생각이 든다.

그렇다면 마인드풀니스가 될 수 있도록 일상적으로 연습할 수 있을까? 할 수 있다. 이미 설명했듯 새로운 것을 발견하면 된다. 오늘은 새로운 것을 어느 정도나 발견했는지 노트에 정리해 보는 것도 좋은 방법이다. 또 새로운 것을 발견할 수 있도록 노력해 본다.

늘 지나다니는 길이라 해도 어제와 오늘 무엇인가 바뀐 것은 없는지 살펴본다. 평소에는 꽃이 없었는데 오늘은 방에 꽃이 장식되어 있었다는 차이를 발견하는 것도 좋은 방법이다. 마인들리스인 사람은 늘 스산한 느낌을 주던 방에 꽃이 장식되어 있어도 그것을 깨닫지 못한다.

입고 있는 옷의 착용감, 가방을 들었을 때의 감촉의 차이를 발견한다. 식빵의 맛의 차이를 발견한다. 오늘은 바람이 여느 때보다 강하다는 사실을 깨닫는다.

오늘은 여느 때와 달라진 사람들을 몇 명이나 평가했는가? 지금까지는 새로운 사람을 만나도 그 사람이 어떤 일을 하는 사람인지 생각해 보지 않았다. 하지만 오늘은 사람을 만났을 때 그 사람에 대해 얼마나 많은 부분을 발견했는가?

동물보다 우수한 사람인지, 사회적으로 우수한 인재인지, 어떤 심리를 가지고 있는 사람인지, 즉 열등감을 가지고 있는 사

람인지 아니면 자신감을 가지고 있는 사람인지, 뻔뻔한 사람인
지 상냥한 사람인지….

그 사람은 의상에 대한 센스가 있는가?

그 사람은 어린아이에게 상냥한가?

그 사람은 아이들의 행동을 잘 간파하고 있는가?

그 사람은 아이에게 무관심한가?

또 자기도 막연한 태도로 아이를 그저 바라보고만 있는 것이
아니라 아이의 모든 행동을 세심하게 살펴보고 있는지, 동물을
대할 때에도 그저 막연한 감정으로 대하기만 하는 것이 아니라
동물의 표정까지 세심하게 살펴보고 있는지 반성해 본다. 동물
의 눈이 얼마나 귀여운지 깨달았는지….

사자는 무섭다는 기본적인 틀에 얽매여 사자 흉내를 내는 아
이의 귀여운 모습을 간과하고 있지는 않은가? 사자는 무섭다는
의식에만 사로잡혀 눈앞에 있는 사자의 귀여운 행동을 간과하
고 있지는 않은가?

오늘 만난 사람은 동물에게 애정을 가지고 있는가? 동물에
관한 이야기를 할 때에 어떤 말을 사용하는가? 당신은 상대가
입고 있는 옷에 어느 정도나 주의를 기울일 수 있는가?

마인들리스에 해당하는 사람은 상대방에게 주의를 기울이지 않기 때문에 정말로 아무것도 발견하지 못한다. 어떤 사람과 헤어진 뒤에 이런 질문을 던져도 대답하지 못한다.

"조금 전에 만난 사람이 입고 있던 옷이 어떤 색깔이었지?"

☂ 마인드풀니스인 사람은 지치지 않는다

열등감이 강한 사람은 상대가 자기를 어떻게 보는가에만 관심을 가진다. 상대에게는 관심이 없다.

상대가 입고 있는 옷의 사이즈는 제대로 맞는 것인지, 색깔의 조화는 잘 이루어진 것인지, 넥타이와 양복의 색깔이 잘 어울리는지, 풍성한 옷을 입는 것이 더 잘 어울리는지 아니면 찰싹 달라붙는 옷을 입는 것이 더 잘 어울리는지, 상대의 복장만 살펴보는 데에도 다양한 방법이 있다.

마인드풀니스인 사람은 일부러 신경을 쓰지 않는다 해도 상대와 헤어진 뒤에 그런 질문에 대답할 수 있다. 굳이 노력하지 않아도 자연스럽게 주의를 기울인다.

그 이유는 정보에 대해 마음이 개방되어 있기 때문이다. 굳이 상대의 복장에 주의를 기울이려 하지 않아도 자연스럽게 그런 사실을 발견한다. 마음이 활짝 개방되어 있기 때문에 지치지 않는다. 애써 노력해서 새로운 사실을 발견하는 것이 아니라 특별한 에너지는 전혀 소비하지 않고도 주위의 변화를 자연스럽게 발견하는 것이다.

심각한 열등감 때문에 고민하는 사람에게 처음부터 마인드풀 상태를 기대하는 것은 무리다. 조금씩 서서히 노력해야 한다.

마인들리스인 사람이 마음의 갈등에 에너지를 빼앗기는 것에 비해 마인드풀을 갖춘 사람은 그런 마음의 갈등에 에너지를 빼앗기지 않는다.

심각한 열등감 때문에 고민하는 사람은 주위 사람들이 자기를 어떻게 생각할지 신경을 쓰지만, 마인드풀을 갖춘 사람은 주위 사람들의 시선이 아니라 주변상황의 변화에 신경을 쓴다.

심각한 열등감 때문에 고민하는 사람은 주위 사람들에게 나쁜 인상을 심어 줄지도 모른다는 생각 때문에 두려워하고 그 고민 때문에 지치지만, 마인드풀을 갖춘 사람은 그런 두려움이 없기 때문에 지치지 않는다.

마인드풀을 갖춘 사람이 되려면 오늘 만나는 사람의 복장에 신경을 쓰도록 노력하는 것이 좋다. 지금까지는 전혀 주의를 기울이지 않았던 점에 주의를 기울여 보는 것이다. 물론 자기의 복장에도 주의를 기울여 보아야 한다.

지금까지는 옷의 착용감 따위에는 그다지 주의를 기울이지 않았던 사람도 있을 것이다. 그 중에는 전혀 신경을 쓰지 않았던 사람도 있다. 마인드풀을 갖춘 사람으로서는 믿기 어려운 이야기이지만 실제로 그런 사람이 있다.

추위를 막기 위해서라는 단순한 기능 때문에 옷을 입는 사람도 있다. 또는 이런 복장을 갖추면 사람들이 가난한 사람이라고 생각할 수 있다는 데에만 주의를 기울여 값비싼 옷을 선택하는 사람도 있다.

요컨대 마인드풀을 갖춘다는 것은 마음이 풍요로운 사람이 된다는 의미이기도 하다. 심각한 열등감 때문에 고민하는 사람은 아무리 많은 돈을 가지고 있어도 마음이 가난하다. '값비싼 옷을 입고 있는 나'라는 데에만 주의를 기울이기 때문이다.

상대가 안정감이 있는 사람인지, 자녀 이야기는 얼마나 자주 하는지, 자기 자신에 대한 이야기는 얼마나 자주 하는지, 자기 자신의 이야기를 할 때와 친구 이야기를 할 때 눈빛이 어떻게 다른지 그런 점들에 주의를 기울여야 한다.

사람은 항상 다양한 신호를 발산한다. 그 사람을 이해하려면 그런 신호들을 확실하게 받아들이고 분석할 줄 알아야 한다. 성격이 급한 사람인지 느긋한 사람인지….

마인드풀을 한 마디로 표현하면 사람에 대한 흥미이며 애정이다. 거기에 비하여 열등감은 자기 집착이다.

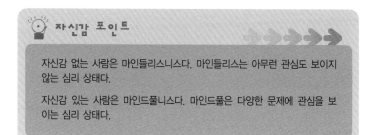

자신감 포인트

자신감 없는 사람은 마인들리스니스다. 마인들리스는 아무런 관심도 보이지 않는 심리 상태다.

자신감 있는 사람은 마인드풀니스다. 마인드풀은 다양한 문제에 관심을 보이는 심리 상태다.

자기 이외의 문제에
관심을 가질 수 있는가?

🕇 열등감을 해소하기 위해 중요한 것

무의식중 드러나는 행동에 그 사람의 본질이 나타나는 경우가 많다. 그 차이를 간파하는 것이 마인드풀니스인 사람이다.

의식적으로 하는 언행이 아니라 무의식중 드러나는 언행 안에 그 사람의 본질이 나타난다. 마인드풀니스인 사람은 그런 차이를 놓치지 않지만 심각한 열등감 때문에 고민하는 사람은 그 차이를 간과한다. 관심이 없기 때문이다.

사람의 행동은 정보로 가득 차 있다. 어떤 사람이 파티장에서 아무렇지도 않게 서 있는 경우에 상대와 어느 정도의 간격을 두고 있는가 하는 것으로 상대에게 호감을 가지고 있는지 그렇지 않은지를 알 수 있다.

반대로 평소에는 칭찬만 늘어놓지만 사실은 그 사람을 좋아하지 않는다는 사실도 알 수 있다. 무의식중 서 있는 모습을 관찰하는 것만으로도 상대를 좋아하는지 싫어하는지 또는 피하려 하는지 알 수 있는 것이다.

심각한 열등감 때문에 고민하는 사람은 다른 사람의 말을 잘 믿는다. 상대가 좋아한다고 말하면 정말로 자기를 좋아하는 것이라고 쉽게 믿어 버린다.

마인드풀니스인 사람은 상대의 말이 아니라 행동을 본다. 상대가 자기를 좋아하는지 또는 싫어하는지 상대의 말만으로 판단할 수는 없다는 사실을 잘 알고 있기 때문이다.

열등감을 해소하기 위해 중요한 점은 사람을 볼 때 눈으로 보는 것이 아니라 마음으로 보는 것이다. 마음으로 본다는 것은 상대가 슬프다고 말했다고 해서 반드시 슬퍼한다고 받아들이지 않는 것, 상대가 괴롭다고 말하더라도 반드시 괴로워하는 것이라고 받아들이지 않는 것이다.

눈을 감고 마음으로 듣도록 노력하자.

교실에서 눈을 감고 복도에서 들리는 발소리를 듣는다. 만약 빠른 속도로 달려온 선생님이 부드러운 목소리로 학생들에게 인사를 한다면 어떻게 생각하겠는가? 열등감이 강한 사람은 인사말밖에 듣지 않는다. 그렇기 때문에 선생님의 기분을 이해할 수 없다.

따라서 마음으로 듣는 연습을 해야 한다. 눈을 감고 도로에서 들려오는 소리를 듣는다. 그 소리를 통해서 자동차가 많은지 적은지 알 수 있다.

상대의 몸짓, 목소리, 표정 등에서 정보를 모아 상대의 속뜻을 간파한다. 언어가 아닌 행동을 중요시한다. 심각한 열등감 때문에 고민하는 사람은 자기에게만 관심이 있기 때문에 이런 사실을 판단할 수 없다. 그래서 속는다.

당신이 일이든 사랑이든 항상 속기만 하고 있다면 당신은 무의식중 꽤 심각한 열등감 때문에 고민하고 있는 사람이라고 생각해야 한다.

상대보다 우월해야 한다는 데에만 관심이 있고 상대 자체에 대한 관심이 없기 때문에 상대에 대한 정보를 모을 수 없다.

열등감이 강한 사람은 상대가 자기에게 유리한 사람인가 그렇지 않은가 하는 데에만 관심이 있다. 그래서 자기에게 유리한 말을 해주는 사람의 행동에는 관심을 가지지 않는다.

☂ 작은 문제를 큰 문제로 받아들이는 능력

이런 격언이 있다.

"머리만 감추고 꼬리는 감추지 않는다."

심각한 열등감 때문에 고민하는 사람은 감추고 있는 머리를 깨닫지 못한다. 그러나 마인드풀니스인 사람은 꼬리를 보는 순간, 머리를 감추고 있다는 사실을 간파한다. 꼬리에 해당하는 부분은 무의식중 드러나는 언행이며 자연스럽게 몸에 갖추어져 있는 습성이다.

"나는 거짓말을 못해."

이런 말을 듣지 않았다고 해도 그 사람의 몸에 갖추어져 있는 불합리한 점을 간파하면 거짓말인지 아닌지 쉽게 알 수 있다. 그런데 심각한 열등감 때문에 고민하는 사람은 그런 차이점은 보지 않고 거짓말을 하지 않는다는 말에만 의지해서 상대를 믿는다.

앞에서 설명했듯 열등감이 강한 사람은 귀로 듣는 것이 아니라 마음으로 듣는 연습을 해야 한다.

열등감 때문에 고민하는 사람의 문제는 작은 문제에 주의를 기울이지 못한다는 것이다. 그런데 주의를 기울이지 않는 작은 문제가 나중에 중대한 문제를 초래하는 경우가 많다.

그러나 자신감 있는 사람은 심각한 열등감 때문에 고민하는 사람이 깨닫지 못하는 부분을 깨닫는다.

마인드풀니스인 사람은 심각하고 위험한 결과에 이르기 전, 작은 문제일 때 미래에 어떤 위험이 발생할 것인지 간파한다.

지금까지와는 다르게 바뀐 상대의 언행이 경종이 되어 도움을 준다. 그 약간의 변화를 통해서 상대가 무엇인가 고민을 하고 있다는 사실을 깨닫기도 하고 배신할 생각을 가지고 있다는 사실을 깨닫기도 한다. 그래서 미리 대처할 수 있다.

"하나의 낙엽이 떨어지는 것을 보고 천하의 가을을 알 수 있다."

이 말은 마인드풀니스를 잘 나타내는 명언이다. 작은 문제를 큰 문제로 받아들이는 능력이 없으면 일을 제대로 처리할 수 없다. 반대로 열등감이 강한 사람은 큰 문제를 작은 문제처럼 처리해 버린다.

엘렌 랭거 교수는 다음과 같이 말한다.

"마인드풀니스인 사람은 노후화될 징조를 미리 예측하여 전화위복의 결과를 만들어 낼 수 있다."

열등감이 심각한 경우에는 주위 사람들이 자기를 어떻게 보는가에만 관심이 기울어져 '하나의 낙엽이 떨어지는 것'은 전혀 깨닫지 못한다. 새싹이 돋아나는 봄도 단풍이 물 드는 가을도 마찬가지다.

☂ 하나의 관점에 매달리지 않는다

열등감을 해소하기 위한 마인드풀을 갖추기 위한 연습 방법으로 일반적으로 신용할 수 없다고 알려져 있는 직업에 종사하는 사람들 중에서 신용할 수 있는 사람을 찾는 것이 있다. 그런 사람을 찾으려면 관심을 가지고 한 사람씩 자세히 관찰해 보아야 한다.

내 경우에는 미국에서 이런 말을 자주 들었다.

"중고차를 구입할 때는 주의해야 한다."

자동차에 대해 잘 모르는 사람은 중고차업자에게 속아 넘어

가기 쉽기 때문이다. 나도 친구로부터 중고차업자를 믿지 말라는 말을 몇 번이나 들었다. 하지만 결국 속았던 경험이 있다. 엄청나게 비싼 가격으로 고물자동차를 구입한 것이다.

내가 처음 보스턴에 장기간 체류하게 되었을 때다. 당연히 자동차가 필요했다. 그래서 가격이 꽤 비싼 무스탕이라는 자동차를 근처의 중고차업자에게 구입했다. 그런데 불과 백 미터도 달리지 못해서 보닛에서 연기가 피어오르더니 자동차가 멈추어 버렸다. 그야말로 중고차업자는 믿지 말라는 충고가 그대로 들어맞은 경우였다.

하지만 보스턴에서 생활하기 시작한 지 반년 정도 지나 근처에 흑인이 운영하는 믿을 만한 중고차판매점을 발견했다. 그 흑인은 솔직한 사람이어서 터무니없이 바가지를 씌우지는 않았다. 덕분에 그 사람과는 20년 이상 친분을 유지했다. 지금은 아들이 가게를 운영하고 있다.

"중고차업자는 믿지 말라."

이것 역시 하나의 관점에 지나지 않는다. 그 사람이 어떤 사람인지 그 사람 개인을 판단하는 연습을 하면 주위 사람들이 자기를 어떻게 보고 있을까 하는 점 이외에도 관심을 가지게 된다.

'이런 사람도 있구나.' 하는 생각에 사람 그 자체가 재미있게 느껴지면서 자기 이외의 다른 사람에게도 흥미를 느끼게 된다.

☀ 간단히 속아 넘어가는 사람의 심리

반대로 일반적으로 신용할 수 있다고 알려져 있는 직업에 종사하는 사람들 중에서 신용할 수 없는 사람을 찾는 것도 좋은 방법이다. 예를 들면, 변호사가 그렇다. 나는 미국에서 몇 번이나 변호사에게 사기를 당했다. 약간 과장해서 말한다면 세 명의 변호사에게 사기를 당해서 완전히 알거지가 되어 버렸다.

미국에서 본격적으로 일과 생활의 거점을 마련하게 되었을 때다. 집을 구입할 때 부동산업자에게 사기를 당했다. 나는 그 손해를 어떻게든 메워야겠다는 생각에 변호사에게 의뢰했는데 그 변호사에게 더 큰 사기를 당해 버렸다. 그리고 잇달아 세 명의 변호사에게 사기를 당했다.

열등감을 자신감으로 바꾸는 심리학

어려운 상황에 놓여 있어서 도움이 필요하다는 사실이 알려지면 악덕변호사들이 마치 하이에나처럼 모여드는 곳이 미국이다.

물론 그런 악덕변호사만 있는 것은 아니다. 지금 신세를 지고 있는 미국인 변호사는 성실한 사람이다.

내가 하고 싶은 말은 사람들은 변호사라고 하면 쉽게 믿지만 나쁜 사람도 얼마든지 존재한다는 것이다. 미국에는 일본의 사기꾼 이상으로 악랄한 변호사도 많지만 다른 한편으로 정말 성실한 변호사도 많다. 이제는 변호사의 얼굴만 보아도 그 사람이 교활한 사람인지 성실한 사람인지 알 수 있다.

만약 당신이 상대방의 눈동자에 드러나 있는 교활한 빛을 발견하게 된다면 마인드풀을 갖추게 되었다고 말할 수 있다. 만약 심각한 열등감 때문에 고민하고 있다고 하더라도 그런 사실을 발견하게 된다면 열등감은 해소된다.

상대에게 흥미를 가지면 그가 하는 말이 아무리 진심이 깃든 것처럼 들린다 해도 눈동자에 교활한 빛이 있는지 없는지 발견하게 된다. 변호사를 만나도 그 변호사가 악덕변호사인지 아닌지 숨겨져 있는 본심을 발견할 수 있다.

그런 연습을 하다 보면 다른 사람에게도 많은 흥미를 느끼게 된다. 사람이든 사물이든 자기 이외의 외부 환경에 흥미를 가지는 것이 자기 실현을 위한 첫걸음이다.

심각한 열등감 때문에 고민하는 사람은 다른 사람을 만나고 있을 때에도 상대에게 관심을 가지는 것이 아니라 상대가 자기를 어떻게 생각할 것인가 하는 데에만 관심을 가진다. 따라서 상대가 어떤 사람인지 관찰하지 않는다. 그렇기 때문에 상대가 추켜세우는 말에 쉽게 속아 넘어가는 것이다.

☂ 우울한 감정을 줄이는 방법

평범한 일상생활 속에서 무엇인가를 발견하는 연습을 하는 것도 당연히 중요하다. 오늘 새로운 사실을 몇 가지나 발견했는지 생각해 본다.

근처의 라면가게에 가더라도 자연스럽게 그 가게 주인의 성격을 파악하는 사람이 있는가 하면 전혀 깨닫지 못하는 사람도

열등감을 자신감으로 바꾸는 심리학

있다. 항상 새로운 변화를 발견하기 위해 노력하면 언젠가 굳이 노력하지 않더라도 자연스럽게 주위의 여러 가지 변화를 발견할 수 있고, 그래서 생활이 즐거워진다.

엘렌 랭거 교수는 발견이 증가할수록 우울한 감정이 줄어든다고 말한다. 발견은 그만큼 효과가 크다.

현관의 꽃이 피었다는 사실을 발견하는 것만으로 우울한 감정은 밝아진다. 반대로 오늘은 현관이 더럽혀져 있다는 사실을 발견하는 것도 마찬가지다.

자기가 열등감이 강하다고 생각하는 사람은 무엇이든 관계없으니 오늘 어떤 변화를 발견했는지 열거해 보도록 하자.

"교실에 쓰레기가 떨어져 있어서 지저분하게 느껴졌다."

이 정도로 충분하다.

하루하루가 불행한 사람은 신경증적인 자존심이 상처를 받아 그 상처에 의한 통증 때문에 다양한 변화를 미처 발견하지 못하는 것이다. 육체도 상처를 입으면 그 통증 때문에 날씨가 좋은지 나쁜지 주위 환경의 변화에 신경을 쓰지 못한다. 하지만 그런 변화를 발견하는 것으로 마음의 상처는 치유된다.

자기집착이 강한 당신은 친구에게 전혀 관심을 보이지 않았다. 열등감이 강한 당신은 친구 집으로 놀러 가도 지금까지 아무런 변화도 발견하지 못했다. 방에는 피아노, 사진, 테이블, 침대, 꽃병 등이 있었지만 자기집착이 강한 당신은 그 방에 무엇이 있었는지 기억조차 하지 못한다.

그러니까 친구 집에 놀러 가면 무엇이 있었는지, 그것이 깨끗하게 닦여 있었는지, 아니면 더럽혀져 있었는지, 무엇이든 상관없으니까 새로운 사실을 발견하고 돌아올 수 있도록 노력해야 한다.

"아무도 나를 이해해 주지 않아."

이런 식으로 한탄하기 전에 당신이 먼저 상대에게 관심을 보일 수 있도록 노력해야 한다.

열등감이 강하다고 생각하는 사람은 주변 환경에 관심을 가지는 연습을 해야 한다. 그리고 자기가 열등감이 강한 사람이라는 사실을 깨달았다는 것 자체가 '발견'이다.

주변 환경에 전혀 관심 없는 사람은 자기가 열등감이 강한 사람이라는 것 자체도 깨닫지 못한다. 열등감과 자기는 아무런 관계가 없다고 생각한다.

무엇인가를 발견하는 노력을 계속하면 나르시스처럼 연못에

비친 자기의 그림자에만 흥미를 보이는 것이 아니라 자기 주위의 경치에도 관심을 보이게 된다. 그렇게 시야가 넓어지고 열등감 때문에 고민하는 것이 얼마나 어리석은 짓인지 느끼게 된다. 그런 식으로 새로운 사실을 발견하는 생활을 하면 심리적인 긴장감을 경험할 수 있다.

편지를 받으면 막연히 읽어 보기만 하고 버리는 사람이 있고 그 편지의 문장을 파악해 보고 그 사람이 성실한 사람인지 아니면 교활한 사람인지 판단하는 사람도 있다. 그 편지의 문장이 처음부터 끝까지 "○○라고 합니다. ○○인 것 같습니다."라는 식으로 '나'라는 주어가 생략되어 있다면 책임을 회피하려는 성향이 강한 사람이라는 사실을 간파할 수 있다.

문장의 의미와 그 배경을 파악하는 노력을 하면 문장의 배후에 있는 의미를 간파할 수 있다. 그런 식으로 새로운 것을 발견하는 생활이 사람의 심리적인 생활에 활기를 불어넣어 준다.

열등감이 심각한 사람은 문장을 읽을 때에도 상대가 자기를 존경하고 있는지 경멸하고 있는지 그런 점에만 관심을 보일 뿐 상대가 어떤 사람인가 하는 점에는 흥미가 없다.

또 오늘 하루 동안 무엇을 발견했는가 하는 점 이외에 여유가 있다면 사소한 일이라도 상관없으니까 한 가지라도 만족을 느낄 수 있도록 노력해 보자. 사과 한 개를 맛있게 먹는 것도 좋다. 요리를 좋아하는 사람이라면 좋아하는 토마토를 바라보고 있는 것만으로도 충분하다. 자기가 원하는 작은 욕구를 만족시킬 수 있으면 그래서 만족감을 느낄 수 있으면 된다.

그렇게 만족을 느끼는 것에 의해 내일을 살아갈 수 있는 에너지가 샘솟는다.

열등감을 자신감으로 바꾸는 심리학

자신감 포인트

자신감 있는 사람, 즉 마인드풀니스가 될 수 있도록 일상적으로 연습할 수 있을까?

할 수 있다. 새로운 것을 발견하면 된다. 상대방에게 조금만 주의를 기울이면 된다. 사람들은 항상 다양한 신호를 발산하는데 이렇게 주의를 기울이다 보면 그 신호들을 확실하게 받아들이고 분석할 수 있게 된다.

3

어떻게 해야
마음이 충족될 수 있는가?

즐거움이 시야를 넓혀 준다

사물을 다면적으로 보는 습관

인생의 목적을 발견해라

즐거움이 시야를 넓혀 준다

행복해지기 위한 시련

다면적인 관점으로 사물을 본다는 것은 어떤 의미일까?

신(神)이 지금 걷고 있는 길은 행복과 연결되어 있는 길이라고 가르쳐 준다면 현재 고통으로 느껴지는 일들이 전혀 다른 감각으로 받아들여질 것이다.

그렇다면 현재의 고통은 행복해지기 위한 시련이라고 생각하면 된다. 이것이 관점을 바꾼다는 의미다.

"나는 돈은 없지만 건강한 육체를 가지고 있다."

"나는 미인은 아니지만 밝은 성격을 가지고 있다."

"나는 명예는 없지만 행복한 가정이 있다."

이렇게 생각하는 것은 그 사람의 시야가 넓기 때문이다. 그리고 무엇보다 삶의 에너지가 넘치고 있기 때문이다.

힘에 대한 의지만으로는 이런 생각을 가질 수 없다. 사람에게는 힘에 의지하는 측면과 의미에 의지하는 측면이 존재한다는 사실을 깨달을 때 에너지가 발생하며 이런 생각도 할 수 있는 것이다. 돈, 미인, 명예에 대한 의지는 힘에 대한 의지다.

분노나 증오는 사물을 보는 우리 시야를 좁히지만 즐거움은 시야를 넓혀 준다. 시야가 넓어지면 해결 방법이 보인다.

시야를 넓히려면 지금까지와는 다른 세계를 만들어야 한다. 예를 들어, 지금까지 일과 공부만 했다면 가사에 신경을 써 보도록 하는 것이다. 그렇게 하면 그것이 얼마나 어려운 일인지 알게 된다. 접시를 깨뜨렸을 경우 그 조각들을 어떻게 처리해야 좋을지 쉽게 판단이 서지 않을 것이다.

그런 경험을 하는 동안 지금까지 자신감을 가지고 있던 생활을 다른 관점으로 볼 수 있게 되고 당연히 반성도 한다. 그래서 그늘에서 자기의 생활을 지원해 준 사람에게 감사하는 마음을 가지게 된다.

그런 경험이 바탕이 되어 시야는 넓어지고 일이나 공부와 관련된 세계에 대한 열등감은 사라진다.

🐚 호모사피엔스로서의 삶

사람에게는 여러 가지 능력이 있다. 기억도, 창조성도, 공감하는 것도 의미를 부여해 주는 중요한 능력이다. 인품 역시 사회생활을 하는 데 매우 중요한 능력이다.

사람에게는 다양한 재능이 있다. 꽃을 잘 가꾸는 사람, 말을 잘하는 사람, 다른 사람과의 관계를 원만하게 유지할 줄 아는 사람 등.

열등감 때문에 고민하는 사람은 수많은 능력 중 하나의 능력을 유일한 능력이라고 착각한다.

막다른 골목에 이르렀을 때에는 스스로 길을 개척해야 한다. 길을 개척한다는 것은 시야를 넓힌다는 뜻이다.

일이 뜻대로 진행되지 않을 때의 고통, 생각대로 이루어지지 않을 때의 초조 등 고통스럽다고 생각했을 때 스스로 그 고통에 얽매이는 경우가 있다. 스스로 고통스런 환경을 만든다.

그것은 당신이 호모파베르로서 살고 있기 때문이다. 관점을 바꾸지 않기 때문이다. 호모파베르는 프랭클이 말하는 '일하는 인간'이다. 성공과 실패라는 두 가지 범주밖에 모르는 인간이다.

즐겁다고 느꼈을 때에는 스스로 즐거움을 만들고 있는 경우가 많다. 열심히 살고 있다고 느꼈을 때에는 세상과 맞서 싸우고 있는 경우가 많다. 당신이 호모사피엔스로서 살고 있기 때문이다. 호모사피엔스란 프랭클이 말하는 '고뇌하는 인간'이다. 성공과 실패가 아니라 충족과 절망이라는 범주로 살아가는 인간이다.

호모파베르에서 호모사피엔스로 관점을 바꾸는 것만으로 실패한 인생도 충실한 인생으로 바뀐다.

🐾 열린 마음을 가진 사람은 강하다

마음을 닫으면 인생은 막다른 골목에 몰린다. 반대로 '열린 마음'으로 살아가면 시야가 넓어지고 인생도 활짝 열린다.

'열린 마음'의 한 가지 요소는 다면적인 관점이다. 다면적인 관점으로 사물을 보아야 넓은 시야로 사물을 보고 있다고 말할 수 있다.

한때 나는 미국에서 여러 가지 문제가 한꺼번에 터져 완전히 의기소침한 상태에 빠진 적이 있다.

"나는 결국 어리석은 인간이야."

이런 생각밖에 들지 않았다. 미국인에게 조롱이나 당하는 한심한 인간이라는 생각이 들었다. 왜 이렇게 나쁜 일만 생기는 것인지, 생각하면 할수록 불운은 계속 이어졌다. 미국에서 변호사에게 사기당한 이야기는 앞에서 소개했는데, 그 당시 내 주위에는 악덕변호사들만 우글거린다고 생각했다.

그 밖의 다른 직업에 종사하는 사람들을 상대하면서도 나는 미국인들은 악마가 인간의 탈을 쓰고 환생한 것이라고 생각할 정도로 나쁜 사람들을 많이 만났다. 미국에 살고 있는 아시아인들 중에도 나쁜 사람은 많았다. 그리고 그들 때문에 내가 오랜 세월에 걸쳐 노력해 온 모든 것들이 물거품이 된 적도 있었다.

그때 이런 생각이 들었다.

"옛날에는 지방에서 도쿄로 올라온 사람들이 '도쿄는 눈을 감고 있으면 코를 베어 가는 곳'이라고 말했었는데…."

하지만 지금은 시대가 변해 도쿄는 결코 그런 곳에 포함되지 않는다는 생각이 들었다. '일본에서 조용히 있었다면 이런 참담한 경험은 하지 않았을 텐데…'하는 후회도 들었다.

그 당시 나는 호모파베르의 관점으로만 사물을 보고 있었다. 그러나 또 다른 관점으로 생각해 보자 내가 그만큼 미국에서 열심히 노력하고 있다는 증거라는 생각이 들었다.

호모사피엔스라는 다른 관점으로 생각해 보면 그것은 나 혼자만의 능력으로 외국에서 생활하고 있다는 것이기도 하다.

자기 능력으로 세상에 맞서 싸우려 하지 않았다면 그렇게 나쁜 사람들은 만나지 않았을 것이다. 어떤 보호막 아래에서 생활하려 했다면 그런 피해는 당하지 않았을 것이다. 하지만 그것은 한정된 인생이다.

일본의 회사에서 주재원으로 미국으로 건너와 체류하거나 일본의 대학에서 미국의 대학으로 건너와 연구활동을 하는 것은 회사나 대학의 보호막 아래에 놓인 생활이다. 즉, 혼자만의 능력으로 미국이라는 거대한 나라와 맞서 싸우는 생활은 분명히 아니다.

그때 문득, 나쁜 미국인을 만난 것도 '의미 있는 경험'이 아닐까 하는 생각이 들었다. 그것은 아무나 할 수 있는 경험이 아니다. 그런 경험 때문에 평범한 사람 이상으로 미국을 이해할 수 있게 된 것이라고 생각할 수 있다.

그런 경험이 있기 때문에 일본의 재계 인사나 정치가가 미국에 대해 무엇인가 이야기를 하면 그가 미국에 대해 아직 제대로 알고 있지 않다는 사실을 간파할 수 있게 되었다고 생각했다. 미국에 대해 연구하는 학자나 외교관이 텔레비전 등에서 자랑스런 표정으로 무엇인가 설명을 해도 그게 아니라고 부정할 수 있게 되었다.

피해를 당한 것은 분명한 사실이지만 그 피해를 귀중한 경험으로 삼을 수도 있다.

"사람이란 어떤 존재인지 정확하게 알고 싶다."

이런 관점에서 생각하면 그것은 귀중한 경험이라고 말할 수 있을 것이다.

좀더 폭넓게 말한다면 내가 어떤 태도로 미국에서의 생활에 맞서는가에 따라 불운으로 느껴지는 것이 행운이 될 수도 있다. 어떤 문제를 불운으로 받아들이는가 행운으로 받아들이는가 하는 것은 관점의 차이다.

내가 미국에서 이렇게 많은 사기를 당한 것은 그만큼 나 자신의 인생이 모험으로 가득 차 있기 때문이 아닐까 하는 생각이 들었다. 나는 능력이 없는 것이 아니라 나 혼자만의 능력으로 모험적인 인생을 살아가려고 한 사람이었다는 생각이 들었다.

🐌 결과가 아닌 과정을 중시해라

인생은 선량한 사람들만 상대하면서 평화롭게 사는 것이 아니다. 선량한 사람의 성실한 모습을 대하는 즐거움도, 악인을 상대하는 고통도 모두 인생이다.

나는 고통스런 환경에 놓였을 때, 이것이 인생이라고 생각했다. 선량한 사람들만 상대하면서 평화롭게 산다면 사람을 이해할 수 없다. 세상을 이해할 수 없다.

이처럼 우울해 있을 때와는 다른 관점으로 나 자신을 돌이켜 보자 초조함이나 자기멸시 같은 기분에서 벗어날 수 있었다.

그리고 이런 생각이 들었다.

"그러고 보니 예전에 하버드 대학을 처음 방문했을 때, 내가 소속되어 있던 연구소에서 외국 학자를 보살펴 주던 사람에게 '당신은 내가 알고 있는 외국 교수들 중에서 가장 모험적인 학자입니다.'라는 말을 들은 적이 있었어."

이런 식으로 나 자신을 재해석하는 것으로 자신감을 회복할 수 있었다.

실패한 모습만을 보고 있으면 자신감을 잃는다. 그러나 실패하지 않고 사는 것보다 실패를 맛보았기 때문에 더욱 도전적으로 살 수 있었다고도 해석할 수 있다. 그것이 결과뿐 아니라 과정을 중시한다는 '열린 마음'을 가진 사람의 장점이다.

결과를 너무 중시하면 자기 자신에 대한 이미지가 일그러진다. 일그러진 이미지란 만족은 하지 않지만 다른 사람에게 우월감을 느끼는 이미지다.

아이가 초원에서 놀면 상처도 입을 수 있고 부상을 당할 수도 있다. 마찬가지로 어른이 되어 자기 힘으로 넓은 세상과 맞서 싸우다 보면 상처를 입기도 한다. 처음부터 여자를 유혹하지 않으면 거절당할 염려도 없다.

부상을 당했다는 사실만 놓고 보면 부상당한 사람은 부상당하지 않은 사람보다 어리석은 것처럼 보인다. 물론, 부상당하는 과정에는 반성해야 할 점도 많다. 하지만 그와는 반대로 사람이 잊어서는 안 되는 중요한 삶의 자세도 존재한다.

'장롱면허'가 좋은 예다. 장롱면허를 가진 사람이 무사고 운전자라는 이유에서 표창을 받는다면 어떨까? 결과적으로는 기분 좋은 일이지만 운전을 하지 않은 것이기 때문에 면허를 취득한 의미가 없다. 인생도 그와 마찬가지로 결과는 좋지만 삶의 의미가 없는 경우가 있다.

그런데 왜 그런 결과가 마음에 걸리는 것일까? 왜 과정을 중시하지 않고 결과만을 중시하는 것일까? 그것은 우리가 다른 사람의 평가를 바라기 때문이다. 그리고 그렇게까지 다른 사람의 평가에 얽매이는 이유는 열등감을 가지고 있기 때문이다.

운전하는 즐거움보다 표창받는 것이 더 기쁜 일이라면 운전을 하지 않는 것이 바람직하다.

무엇을 성공이라고 말할 수 있으며 무엇을 실패라고 말할

수 있을까? 그런 문제를 생각할 때에도 결과를 중시하게 되는
이유는 사람들의 칭찬이 중요하기 때문이다.

"이용당하는 사람은 어리석은 사람이다."

이것 역시 자주 들을 수 있는 말이다. 나도 그렇게 생각한다.
그러나 이용당한다는 것은 나쁜 점만 있는 것은 아니다. 이용
당해서 성장하게 되는 경우도 있다. 이용당한 결과, 궁지에 빠
지고 거기에서 빠져나올 수 있는 지혜를 갖추게 된다.

반대로 다른 사람을 이용한 사람은 그런 지혜를 갖출 수 없
다. 처음에는 남보다 앞서 달리는 듯하지만 한번 좌절하면 다
시는 재기하지 못한다.

다면적인 관점의 유효성

시야를 넓힌다거나 다면적인 관점으로 사물을 보는 것은 사
물의 부정적 측면뿐 아니라 긍정적 측면에도 주의를 기울이는

것이다.

우리는 마음에 들지 않는 일이 있으면 자기도 모르게 그 문제에만 주의를 빼앗긴다. 그러나 무엇인가를 경험하고 있을 때에 종합적으로 바라보면 긍정적인 측면이 반드시 존재한다.

미국에서 기분 나쁜 일을 경험하면 미국에서의 생활이 마음에 들지 않는다는 생각만 하게 되고 즐거웠던 경험은 잊어버린다. 그러나 미국에서 기분 나쁜 경험이 있었기 때문에 미국이 어떤 나라인지 올바르게 이해할 수 있다. 즐거운 경험을 통해서만 그 나라에 대해 배우게 되는 것은 아니다.

기분 나쁜 사람을 만나면 그 사람에게만 신경을 빼앗겨 자기가 만난 멋진 사람에 대해 잊어버린다.

'마음에 들지 않는 사람' 때문에 고통받는 일 없이 살아가는 사람도 있을지 모른다. 그러나 사고방식에 따라서는 그런 고통 없는 인생은 뜻밖에 시시한 인생일 수도 있다. 악한 사람을 만난 경험이 있는 사람은 그만큼 세상을 폭넓게 경험한 것이기 때문에 오히려 선량한 사람도 많이 경험하게 된다.

폭넓은 관점으로 마음을 열고 생활하면 악한 사람도 만날 수 있고 선한 사람도 만날 수 있다. 국가가 무역을 자유화하면 여러 가지 물건들이 들어온다. 좋은 물건만 들어온다는 보장이 선행되어야 무역을 개방하겠다고 한다면 아무리 많은 시간이 지나도 무역은 절대로 개방할 수 없다. 좋은 물건만 들어오기를 바란다면 쇄국정책을 펴는 수밖에 없다.

국민에게 도움이 되는 물건과 함께 마약이나 총기류도 들어온다. 그것이 현실이다.

또 시야가 좁은 생활을 하거나 '닫힌 마음'으로 생활을 하면 노력하는 위치를 잘못 선택하게 된다. 위치를 잘못 선택하기 때문에 아무리 열심히 노력해도 공허함만 느끼게 된다.

자기의 과거를 되돌아보고 대체 무엇 때문에 그렇게 열심히 노력한 것인지 후회하는 사람은 뜻밖에 많다. 그런 사람에게는 독선적인 부분이 있거나 또는 집착이 강하다. 예를 들면, 이런 사고방식이다.

"이렇게 하는 것이 그 사람을 위해서야."

어떤 여자가 그렇게 믿고 어떤 남자에게 최선을 다해 노력했다. 그녀는 성의껏 남자에게 모든 노력을 기울였다. 그러나 결국 그 남자와 헤어지게 되었다.

그때 그녀는 이런 식으로 생각한다.

"대체 내가 지금까지 뭘 한 것일까?"

"지난 5년의 세월은 대체 무엇이었을까?"

그녀는 확실히 최선을 다해 노력했다. 하지만 결과는 바라는 대로 되지 않았다. 그런 일을 되풀이하는 사람에게는 어딘가 독선적인 아집이 존재한다.

노력하는 위치를 잘못 선택했기 때문에 자기의 바람을 상대화하지 못했던 것이다. 상대를 올바르게 간파하지 못한 것이다. 상대가 자기의 행동을 어떻게 받아들이는지 전혀 이해하지 못한 것이다. 그런 사람은 관점이 자기에게만 고정되어 있다. 상대와 자기라는 다면적인 관점이 결여되어 있다.

이 원고를 쓰고 있을 때, 어떤 유력한 정치가의 사무실 대표가 체포되었다. 그 대표는 그 정치가를 수상으로 만들기 위해 자신의 모든 인생을 바쳤다고 한다. 그러나 현실은 그 정치가가 수상이 될 수 있는 길을 막은 사람은 바로 그 대표였다.

🐚 아름답게 산다는 것은 어떤 것인가?

시야를 넓힌다는 것은 다양한 견해를 가진다는 것이다. 예를 들어, 일본인은 패자를 동정하기를 좋아한다. 가마쿠라 막부(1192~1333)의 문을 연 미나모토노 요리토모를 영웅으로 생각하는 것이 아니라 덧없이 목숨을 잃은 미나모토노 요시쓰네를 영웅으로 생각한다.

과거에 도호쿠에 갔을 때, 문득 요시쓰네도 이 나무를 보았을까 하는 생각을 하자 묘한 기분이 들었다. 요시쓰네도 이 경치를 본 것은 아닐까? 요시쓰네의 인생도 요리토모의 인생도 나무의 입장에서 보면 마찬가지였던 것이 아닐까?

나무의 입장에서는 요시쓰네와 요리토모의 싸움도 보잘것없는 작은 사건에 불과했을지 모른다. 사람이 아무리 중요한 사건이라고 생각해도 나무의 입장에서 보면 사소한 문제에 지나지 않을 수도 있다.

다른 관점에서 보면, 요시쓰네는 싸우지 말았어야 한다는 생각도 든다. 집 안에 조용히 틀어박혀 있었으면 더 오래 인생이 지속되었을 것이다. 그렇게 20년을 더 살았다면 사고방식이 바뀌었을지도 모른다. 새로운 에너지가 생겼을지도 모른다.

성(城)은 몇 백 년은 유지된다고 하지만 언젠가는 무너진다. 나무는 몇 백 년 이상 살 수 있다.

시야를 넓힌다는 것은 예를 들면 사람을 평가할 때, 아름답게 살고 있는가 그렇지 않은가를 기준으로 삼는다는 의미다. 지금까지는 사회적인 성공을 거두었는가 그렇지 않은가에 중점을 두었다.

아름답게 산다는 것은 자기를 꾸미는 것이 아니라 착실하게 생활하는 것이다.

닦는 것과 씻는 것은 다르다. 사용을 해서 잘 닦인 냄비는 살아 있다. 그러나 갓 구입한 냄비는 장식물은 될 수 있어도 살아 있는 것은 아니다. 그것은 잡화점에 장식되어 있는 장식물과 같다.

오늘부터 일기를 쓰자. 밥공기든 유리잔이든 깨끗하게 닦자. 방도 깨끗하게 청소하자.

인생의 아름다움에도 여러 가지가 있다.

노년의 아름다움, 그것은 모든 것을 받아들이는 아름다움이다.

중년의 아름다움, 그것은 망설임의 아름다움이다.

젊음의 아름다움, 청년의 아름다움, 그것은 실패의 아름다움
이다. 에너지의 아름다움이다.

소년의 아름다움, 그것은 물보라 같은 아름다움이다.

늠름한 아름다움, 그것은 밑바닥에서 재기한 아름다움이다.

적당한 아름다움, 그것은 사심 없는 아름다움이다. 사심이
있으면 그것은 얼룩이 지기 때문에 진정한 아름다움이라고 표
현할 수 없다.

성실한 아름다움, 그것은 필사적인 노력에 의한 아름다움이다.

노년의 추함, 그것은 젊음에 대한 집착이다. 형태에 얽매이
는 추함이다.

중년의 추함, 제대로 알지도 못하면서 아는 척하는 추함이다.

젊음의 추함, 청년의 추함, 그것은 건방과 오만이라는 추함
이다.

소년의 추함, 그것은 어른인 척 행세하는 어색한 추함이다.

여자의 아름다움, 여자로서 살아가는 아름다움이다. 그것은 자기라는 존재가 확실하게 자리를 잡고 있는 삶의 아름다움이다.

　자기가 만족하고 있을 때에는 행동에 아름다움이 배어 나온다. 만족하고 있는 사람은 허세를 부리지 않기 때문에 아름답다. 아름다움에는 허세가 없다. 젊을 때에는 나이를 먹은 사람처럼 행동하기 위해 허세를 부린다. 나이를 먹은 뒤에는 젊어 보이기 위해 허세를 부린다.

　불타는 듯한 아름다움이 있다. 가을의 단풍이나 석양이 그렇다. 숯이 불타는 아름다움도 마찬가지다.

　사심 없이 오직 있는 그대로의 모습을 드러내 보이는 아름다움, 그대로의 모습에만 집착하는 아름다움…. 사심이 개입되면 절대로 아름다울 수 없다.

　당신 주변에 있는 사람들을 살펴보자. 야심에 불타고 있다고 해도 자기 자신을 더 아끼고 지키려 하기 때문에 아름답지 않다. 허세를 부리면 아름답지 않다.

열등감을 자신감으로 바꾸는 심리학

이해관계에도 아름다움은 존재한다. 자기가 팔고 있는 상품을 사랑하는 상인, 그 상품에 애정을 가지고 있는 상인은 아름답다. 그때에는 이해관계도 고마움을 바탕으로 성립된다. 다른 사람의 입장에서 보면 이해관계일 뿐이지만 당사자는 감사하는 마음을 가진다.

팔고 있는 상품에 애정이 없이 비싼 가격만 받으려 하는 사람, 그런 사람은 추하다.

다른 사람의 시선을 의식하는 사람, 손으로 입을 가리는 사람은 자기가 아름답다고 생각하지만 다른 사람의 눈에는 결코 아름답게 보이지 않는다.

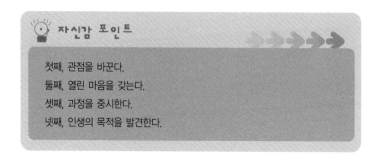

자신감 포인트

첫째, 관점을 바꾼다.
둘째, 열린 마음을 갖는다.
셋째, 과정을 중시한다.
넷째, 인생의 목적을 발견한다.

사물을 다면적으로 보는 습관

겉모습만으로 사람을 판단하지 않는다

일본의 저명한 대학교수가 미국에서 집을 빌렸을 때의 경험을 쓴 책이 있다. 상대는 변호사이고 자기도 대학교수였기 때문에 문제가 발생하지 않을 것이라고 믿었다가 낭패를 보았다는 경험담이다.

그런데 이제는 나 자신이 그보다 더 심한 경험을 해보았기 때문에 미국이라는 나라는 정말 무서운 곳이라고 생각한다. 그렇기 때문에 결코 그 저명한 대학교수를 한심하다고 생각하지 않는다.

그러나 그 저명한 대학교수도 어떤 의미에서는 사람을 보는 관점이 하나밖에 없다고 말할 수 있다. 아마 자기를 바라보는 관점도 하나밖에 없을 것이다.

"나는 멋진 직업에 종사하고 있다. 그렇기 때문에 나는 훌륭한 사람이다."

하버드 대학의 심리학 교수인 엘렌 랭거의 말을 빌리면, 그 저명한 교수 역시 마인드풀니스는 아니었던 것이다.

만약 그 교수가 마인드풀니스였다면 상대를 볼 때 직업이라는 하나의 관점만을 놓고 판단하지는 않았을 것이다.

마인드풀니스는 하나의 관점에 얽매이지 않는 것이다. 그리고 이 마인드풀니스야말로 열등감에서 벗어나기 위한 중요한 마음가짐이다.

마인드풀니스인가 마인들리스니스인가 하는 차이는 다른 문화를 접할 때에 확연히 드러난다. 상대는 자기와는 다른 가치관으로 움직이고 있다.

"이 사람과는 왠지 마음이 맞지 않아."

이런 것도 중요한 정보다. 어떤 점이 맞지 않는 것인지 말로는 설명하기 어렵다. 그러나 자기 내부에 존재하는 무엇인가가 그 사람과 맞지 않는다는 느낌이 드는 경우도 있다.

마인드풀니스인 사람은 그런 감각적인 정보를 무시한다. 그리고 상대가 멋진 직업을 가지고 있다는 하나의 관점으로 판단하지 않는다.

열등감을 자신감으로 바꾸는 심리학

《이솝 우화》에 집비둘기 산비둘기 이야기와 재판장에 둥지를 튼 제비 이야기가 나온다.

사냥꾼이 나뭇가지에 그물을 쳐 놓고, 그 밑에 길들인 집비둘기 몇 마리를 놀게 했다. 그러고는 멀찌감치 숨어서 망을 보았다.

얼마 후 한 떼의 산비둘기들이 나타났다.

"저기 우리와 같은 비둘기들이 놀고 있다. 우리도 내려가서 같이 놀자!"

하지만 내려오던 산비둘기들은 사냥꾼이 쳐 놓은 그물에 몽땅 걸려들고 말았다.

산비둘기들이 집비둘기들을 향해 비난을 퍼부었다.

"너흰 우리와 같은 비둘기면서도 어째서 위험을 알려 주지 않고 우릴 잡히게 하는 거야?"

그러자 집비둘기들은 이렇게 대꾸하는 것이었다.

"너무 원망하지 마. 우리에겐 동족을 돕는 일보다 주인을 받드는 일이 더 중요하니까."

겉모습만 보고 상대를 믿은 산비둘기들의 마인들리스다.

 제비가 없는 동안에 뱀이 새끼를 잡아먹어 버렸다.
주위의 위로에 그 제비는 이렇게 한탄한다.
"재판장이라는 장소에서 아이가 목숨을 잃었다는 것이 슬퍼."

재판장이라는 관점에만 의지해서 안전할 것이라는 생각에
마음놓고 둥지를 튼 제비의 마인들리스다. 재판장이라는 형식
으로만 사물을 판단했다는 것이 문제다.

마인드풀니스인 사람은 일에서도 성공을 거둔다.
일에서 중요한 것은 사람의 정체를 간파하는 능력이다. 아무
리 직업상, 또는 기술적으로 유능하다고 해도 함께 일하는 사
람이나 업무 상대의 인품을 간파하지 못한다면 낭패를 볼 수
밖에 없다.

열등감에 관한 책이 적은 미국

나는 하버드 대학 도서관에서 열등감에 관한 책을 찾아보고 깜짝 놀랐다. 다른 주제를 다룬 책과 비교할 때 그 수가 매우 적었기 때문이다. 즉, 미국인들은 우리와 비교할 때 열등감이 그다지 문제가 되지 않는다는 의미일 것이다.

그래서 그 이유를 생각해 보았다. 그것은 미국인들이 사물을 다양한 관점에서 바라보기 때문이 아닐까? 일반적으로 말하면, 일본인보다 미국인이 마인드풀니스라고 생각한다. 미국인들은 하나의 관점만으로 사물을 판단하지 않는 습관이 몸에 배어 있다.

예를 들어, 대학입시도 일본과는 다르다. 성적이라는 하나의 관점으로 수험생을 판단하지 않는다. 성적이 하나의 판단 기준에 지나지 않는 것이다. 수험생이 자기가 들어가고 싶은 대학을 선택하고 나면 대학 측이 자기를 충분히 이해할 수 있도록 어필한다. 대학 측에서도 그것을 환영한다.

"저는 피아노를 잘 칩니다. 그러니까 제 피아노 연주를 들어주십시오."

이런 식으로 사무처에 요청한 학생도 있다. 그 학생은 특별히 음악을 전공하려는 것은 아니었다.

또 어떤 학생은 자기가 그린 그림을 사무처에 보냈다. 이 학생도 특별히 그림을 전공하려는 것이 아니라 경제학을 전공하려는 학생이었다. 이것은 보기 드문 현상이 아니다.

내가 알고 있는 사례 중에서 재미있다고 생각하는 것은 "저는 비행청소년에서 이렇게 벗어났습니다."라는 주제의 에세이를 써서 대학에 보내 멋지게 입학한 학생이다.

미국의 대학은 가능하면 다양한 관점을 바탕으로 수험생을 평가하고 판단하려 한다. 그 유명한 하버드 대학도 성적이 좋다고 해서 무조건 입학할 수 있는 것은 아니라고 말한다. 또 어느 대학은 입학원서에 다음과 같은 내용을 기입하는 난이 있다.

"이 대학에 입학하기 전에 고등학교를 졸업할 수 있는가?"

아마 월반 등을 통해서 예상하지 못한 사람이 입학원서를 제출하는 경우가 있기 때문일 것이다. 미국은 26세에 하버드 대학 조교수가 되는 사람이 나오는 사회다.

모든 일이 이런 식으로 이루어져 있기 때문에 사물을 하나의 관점만으로 바라보지 않는 습관이 배어 있는 듯하다. 이런 경향이 미국인이 일본인과 비교할 때 열등감이 덜한 한 가지 이유는 아닐까?

미국의 수험평가 방법

그렇기 때문에 대학에 입학할 때에도 다양한 추천서를 받는다. 물론 학습과 관련된 고등학교 선생님의 추천서는 대부분의 대학에서 제출을 요구하지만 선생님과는 전혀 인연이 없는 사람의 추천서를 제출하는 수험생도 있다. 즉, 자기를 알고 있는 사람에게 성적과는 다른 관점에서 자기를 추천해 달라고 부탁하는 것이다.

고등학교 입시도 마찬가지다. 필립스아카데미라는 명문 고등학교의 입시 면접을 담당하는 선생님과 이야기를 나눈 적이 있다.

"무엇을 기준으로 학생을 선발하십니까?"

내 질문에 그는 이렇게 대답했다.

"다양한 부분을 판단합니다. 성적도 보지만 그 이상으로 그 수험생의 창조성을 중시하지요."

다른 담당자들에게도 같은 질문을 던져 보았는데 비슷한 대답이었다. 5년 가까이 취재하는 동안, 성적이라는 하나의 관점으로 판단한다는 사람은 한 명도 보지 못했다.

그리고 고등학교 측에서도 부모의 서류를 요구한다. 그 이유는 성적이라는 관점이 아니라 그 학생의 지금까지의 생활이나 성격에 대해서 학교보다 더 많은 사실을 알고 있기 때문에 그 부분을 이해하기 위해서라고 한다.

일본의 어떤 청년이 미국의 명문 고등학교에 합격했다. 나는 흥미를 느끼고 조사해 보았다. 왜 그 학생을 합격시켰는지 고등학교 측에 질문해 본 것이다.

그 학생은 중학생 시절에 부모님과 함께 미국으로 건너왔다. 1년이 지나 부모님은 일을 끝내고 일본으로 돌아가기로 했다. 그러나 그 학생은 부모님이 돌아간 뒤에도 혼자 남아 미국에서 공부를 하겠다고 우겼다.

그 학생은 면접관에게, 왜 자기가 미국에서 공부하고 싶어하는지 일본의 교육제도와 비교하면서 자세히 설명했다.

"왜 그 학생을 합격시켰습니까?"

내 질문에 면접관은 다음과 같이 대답했다.

"부모님이 귀국해도 자기는 혼자 남아 이곳에서 공부를 하고 싶다는 기개를 갖추고 있었기 때문입니다."

면접관은 그 학생의 독립성과 강한 정신력을 높이 평가했다.

미국의 명문 고등학교들은 학생을 선발할 때 국적을 전혀 고려하지 않는다. 그리고 고등학교 자체도 일본처럼 유명대학 진학률이라는 하나의 관점으로 평가받지 않는다. 고등학교 자체도 자기네 고등학교는 이런 학교라는 것을 확실하게 주장한다. 내가 고등학교 안내서를 보고 재미있다고 생각한 것은 팸플릿에 이런 내용이 씌어 있어서였다.

"우리 학교의 키워드는 안정감입니다."

물론, 그 반대의 광고를 하는 고등학교도 있다.

"우리 학교는 매우 경쟁적입니다."

이처럼 각각 자기들이 믿는 교육방침을 내세운다.

수험생도 하나의 관점만으로 평가받지 않고, 학교 역시 하나의 관점만으로 평가받지 않는다. 고등학교도 수험생을 하나의 관점만으로 평가하지 않지만 수험생도 고등학교를 하나의 관점만으로 판단하지 않는 것이다. 그렇기 때문에 학교 역시 수험생에게 학교에 대해 자세히 이해시키려 하고, 수험생도 학교에 본인을 자세히 이해시키려 한다.

그런 이유에서 수험컨설턴트라는 직업도 존재한다. 학생에 대해 잘 알고 있고 학교에 대해서도 잘 알고 있는 수험컨설턴트는 그 학생이 어느 학교에 가는 것이 가장 적당한지 판단한다. 따라서 많은 정보를 갖추고 있어야 하며 학생에 대해서도 자세히 알고 있어야 한다.

하나의 관점만으로 판단할 수 있다면 이런 노력은 필요하지 않을 것이다. 그러나 인생에는 다양한 관점이 필요하며 시야를 넓힌다는 것은 다양한 관점을 갖추는 것이다.

마음으로 보고 마음으로 듣는다

똑같은 계절을 체험하면서 벚꽃이 졌다고 한숨을 내쉬는 사람과 5월의 신록이 찾아왔다고 즐거워하는 사람이 있다.

집을 판단할 때에는 어떻게 할까? 가격으로 판단하는 사람은 관점이 하나인 사람이다.

집을 판단하려면 예를 들어 냉장고 크기가 아니라 그 안을 보아야 하듯, 집 크기가 아니라 집 안을 살펴보아야 한다. 가난한 집인데 바닥이 깨끗하게 청소되어 있는 집과 부유한 집인데 바닥이 지저분한 집 중 어느 쪽 집을 더 높이 평가할 것인가?

가난하지만 기품 있는 얼굴을 가지고 있는 사람과 부자지만 천한 얼굴을 가지고 있는 사람 중 어느 쪽이 더 행복한 사람일까?

열등감이 강한 사람은 이런 판단을 내리기 어렵다.

시야가 넓은 사람은 마음으로 보고 마음으로 듣는다. 상대가 그릇된 견해를 말했을 때 왜 그런 말을 하게 되었는지 생각해본다.

"누구나 잘못 생각할 수 있어."

이렇게 생각하는 것이 마음으로 듣는 태도다.

눈으로 보는 것이 아니라 마음으로 보아야 한다. 오락실의 네온사인이 빛나고 있다. 이렇게 화려한 네온사인을 밝히려면 전기요금도 많이 들어갈 것이고 종업원도 많이 필요할 테니 경영이 쉽지 않을 것이라고 생각한다. 그것이 마음으로 보는 것이다.

고급 양복을 입고 있지만 그 모습을 보고 왠지 천하다는 느낌을 받는다. 그것이 마음으로 보는 것이다. 시야를 넓힌다는 것은 느끼는 범위를 넓히는 것이다.

당신이 불행해졌다면 그것은 어떤 사실 때문에 불행해진 것이 아니라 어떤 사실을 받아들이는 당신의 감각이 불행해진 것이다.

넓은 시야를 가지고 있으면서도 눈앞의 현실은 잊지 말아야 한다. 상처를 입었을 때 그것을 다른 의미로 받아들일 수는 없는지 다시 한번 생각해 보는 마음의 습관을 갖추어야 한다.

회사에 갔는데 상사에게 꾸지람을 들었다. 하지만 가만히 생각해 보면 당신이 회사에 불필요한 존재가 아니라는 뜻이다. 만약 불필요한 존재라면 아무도 당신을 꾸짖지 않을 테니까. 역할을 기대하지 않는 대상에게는 누구도 꾸짖거나 화를 내지 않는다.

다이아몬드가 가공 대상이 되는 이유는 다이아몬드이기 때문이다. 단순한 돌멩이라면 아무도 가공하려 하지 않는다.

실패를 활용하는 사고방식

생굴을 먹고 배탈이 난 사람들 중에도 그 일을 계기로 좋은 것을 배웠다고 생각하는 사람과 왜 하필 그 시기에 생굴을 먹었을까 하고 후회하는 사람이 있다. 또 그런 생굴을 판 가게를 원망하는 사람도 있다.

좋은 것을 배웠다고 생각하는 사람은 다음과 같은 판단을 내린다.

"이 정도로 끝난 것이 다행이야."

"생굴은 위험한 음식이라는 좋은 정보를 얻었어."

"음식점에 대해 좋은 사실을 깨달았어. 날것을 취급하는 음식점은 청결한지 그렇지 않은지 먼저 살펴보아야 하는 거야. 그래, 이 정도로 많은 경험을 했으니까 생굴을 먹고 배탈이 나기는 했어도 손해만 본 것은 아니야."

그렇기 때문에 인생을 헛되이 보내지 않는다. 낭비라고 생각한 것이 나중에 득이 되기 때문이다.

그러나 가게를 원망하는 사람은 아무것도 배울 수 없기 때문에 다음에 또 청결하지 않은 가게에서 생굴을 먹고 똑같은 사태에 처한다. 그리고 끊임없이 다른 사람과 주변 환경을 원망하다가 일생을 마친다.

실패는 반드시 언젠가 꽃을 피우게 하는 밑거름의 역할을 할 수 있다. 그렇기 때문에 실패는 그 후의 삶에 따라 반드시 나쁜 경험은 아니다. 하지만 실패를 하고 다른 사람을 원망하는 사람에게는 실패는 그저 나쁜 경험일 뿐이다. 따라서 남을 원망하는 사람의 인생은 낭비투성이다.

마이너스지만 마이너스가 아니라고 받아들이는 방법을 갖추어야 한다. 적어도 마이너스는 지금 이 순간 좋은 경험을 한 것이라는 사인이다. 그렇기 때문에 마이너스는 바람직한 것이다.

인생에는 좋은 일만 생기지 않는다. 누구나 실패를 맛본다. 실패를 해도 다시 도전할 수 있는 자기 자신을 믿는 것이 자기 자신을 사랑하는 태도다. 할 수 있는 일을 최선을 다해 할 수 있어야 미래를 믿을 수 있게 된다.

목적이 없는 사람은 곧은길을 그저 걷기만 한다. 자기 나름 대로 인생을 즐기고 싶다고 생각하는 사람은 곧은길이기 때문에 무엇인가 즐기면서 걷고 싶다고 생각한다. 낭비를 싫어하는 사람은 곧은길을 걷는 것은 어리석은 행동이라고 생각해서 그 길을 걷지 않는다. 결국, 낭비나 불행이라는 생각은 그 사람의 관점에 따라 달라진다.

불평을 잘 하는 사람은 인생에 대해 연구하지 않는 사람이다. 연구하지 않기 때문에 돈, 권력, 명예 등 형식적인 것에만 관심을 가진다.

세상에는 볕이 드는 양지와 볕이 들지 않는 음지가 있다. 양쪽 모두 필요한 장소다. 볕이 드는 양지에 있는 사람도 항상 양지에서만 생활하는 것은 아니다.

그러나 늘 불평만 늘어놓는 사람은 볕이 들지 않는 음지에 놓여 있었을 때의 상황만을 이야기한다. 양지와 음지를 있는 그대로 받아들이지 않고 불만스런 부분만 중요시하는 사람이 있다.

볕이 들지 않는 음지도 필요하다. 농작물은 볕이 들지 않을 때 휴식을 취한다. 볕이 계속 내리쪼이면 농작물은 말라 죽는다.

열등감을 자신감으로 바꾸는 심리학

자신감 포인트

담배를 끊는 것보다 자신을 미워하는 마음을 버리는 것이 훨씬 더 힘들다.

인생에는 좋은 일만 생기지 않는다. 누구나 실패를 맛본다. 실패를 해도 다시 도전할 수 있는 자기 자신을 믿는 것이 자신을 사랑하는 태도다.

인생의 목적을 발견해라

🐾 발전하는 사람은 어떤 점이 다른가?

요즘에는 목적이 없는 무직자들이 너무 많다. 요즘 젊은이들은 툭하면 회사를 그만둔다. 그 회사에 들어가 자신의 능력을 마음껏 펼쳐 보고 싶다는 목적 의식 없이 회사에 입사했기 때문이다.

그 회사에 들어가고 싶어서 입사한 사람은 어느 정도 힘든 일이 있다고 해도 회사를 그만두지 않는다.

회사를 그만두는 사람은 중학교 시험을 보는 것과 비슷한 동기로 회사에 입사한다. 가능하면 유명하고 안정된 회사에 입사하려고 한다. 편차치를 기준으로 학교를 결정하는 것과 같은 동기로 직장을 선택하는 것이다. 그래서 지금부터라도 전문 기술을 익혀야겠다는 노력을 하지 않는다.

과거에는 그 회사에 들어가고 싶기 때문에 입사했다. 목수가 되고 싶어서 목수가 되었다. 과거에는 자기가 존경하는 목수가 있었다. 요즘 젊은이들은 존경하는 어른이 없다.

학창시절의 노력은 지혜를 사용하는 노력이 아니라 기억을 활용하는 노력이다. 학창시절에는 매우 머리가 좋은 학생이었다고 해도 사회에서 필요한 대처능력이 떨어지면 그 회사에 필요한 인재가 되지 못한다.

시험은 즉시 성적이라는 결과를 보여 주지만 회사는 학교만큼 즉각적으로 성적이 확인되고 그 결과에 따라 개인의 우열을 가리는 시스템이 아니다. 학교에서 아무리 성적이 좋았다고 해도 회사에서는 동료와 협력하여 보고서를 작성해야 한다. 그렇기 때문에 어려운 상황에 놓였을 때에는 다시 한번 인생의 목적이 무엇인지 진지하게 생각해 보아야 한다.

현명한 삶이란 만족하는 삶이다. 자기가 설정한 목적을 향해 최선을 다해 노력할 때 사람은 현명해진다. 마찬가지로 역경을 뛰어넘는 것도 목적이 정해져 있을 때는 큰 고통을 느끼지 않지만 방향조차 보이지 않을 때는 큰 고통이 따른다.

그런데 당신은 지금 어떤 '길'을 걷고 있는가? 정해진 목적을 향하여 걷고 있는가? 아니면 목적도 정해지지 않은 길을 그저 막연히 걷고 있는가?

몇 번이나 되풀이하지만 목적은 거대한 것이 아니어도 상관없다. 아주 작은 것이어도 된다.

지금 걷고 있는 그 길이 속삭이는 소리에 귀를 기울여 보자. '지금 이 시간' 당신은 어떤 길을 걷고 있으며 어디로 가려는 것인지 길은 틀림없이 대답해 줄 것이다.

당신은 그 길을 가서는 안 된다고 말할지도 모른다. 어쩌면 그 길을 계속 가라고 말할 수도 있다. 만약 자기의 목적을 알았으면 스스로를 믿고 원하는 쪽으로 전력을 기울여야 한다. 길은 틀림없이 당신을 지켜 줄 것이다.

불행한 시기는 성장할 수 있는 기회이기도 하다. 그러나 많은 사람들은 그런 시기에 지옥으로 핸들을 꺾는다.

발전하는 사람은 분쟁에 의해 성장한다. 상대의 불만을 이해할 수 있는 기회를 마련해 주기 때문이다. 퇴보하는 사람은 분쟁을 겪은 후에 항상 같은 말을 되풀이한다. 어떤 일을 경험하든 성장하지 못하는 것, 그것이 퇴보하는 사람의 특징이다.

자기 실현을 하려면 무엇이 필요한가?

톡하면 머리가 아프다, 배가 아프다 불평하는 아이가 있었다. 공부를 싫어하는 아이였다. 하지만 운동회가 가까워지면 아팠던 머리와 배가 씻은 듯이 나으면서 갑자기 학교에 가고 싶어 했다.

달리기를 잘하는 그 아이가 유일하게 자기 자신을 드러내 보일 수 있는 것이 운동회였기 때문이다. 그 아이는 운동회 이외의 다른 부분에서는 자기 실현을 경험할 수 없기 때문에 늘 머리가 아픈 것이다. 그 아이가 만약 달리기에서도 가치를 인정받지 못한다면 늘 머리가 아플 것이다.

자기 실현을 경험할 수 있는 장소는 누구에게나 존재한다. 거기에서 가치를 인정받는가 그렇지 않은가 하는 것이 문제다.

고민하는 사람은 자기가 무엇을 하고 싶은 것인지 뚜렷한 목적이 없는 사람이다.

가위바위보 놀이를 하는 아이들과 어울리면 즉시 그 분위기에 맞추는 아이가 있다. 친구들과 함께 가위바위보 놀이를 하면서 제 세상이라도 만난 것처럼 즐겁게 논다. 다른 사람들이 보면 진심으로 그 놀이를 즐기는 것처럼 보인다. 그리고 조금 있다가 친구들이 그네놀이를 하자고 하자 그 아이는 즉시 그네놀이에 열중한다. 그것 역시 다른 사람들이 보면 매우 즐거워 보인다. 그래서 오늘은 마음껏 놀았냐고, 즐거웠냐고 물어보면 퉁명스런 표정으로 전혀 재미가 없었다고 대답한다.

그 아이에게는 자기가 무엇을 하고 놀아야겠다는 목적과 누구와 놀아야겠다는 친구가 없는 것이다.

담배를 끊고 술을 끊으면 자기의 강한 의지에 놀란다. 그리고 성취감에 젖는다. 도박을 끊으면 안정된 생활을 시작했다는 생각에 마음이 편안해진다. 이렇게 유혹을 이겨냈을 때, 자기 자신의 강인함을 느낀다. 만약 이런 느낌이 없다면 그것은 자기 의지로 이루어진 일이 아니기 때문이다.

전국을 일주한 사람이 자기는 대단하다고 생각했다. 그리고 성취감을 느꼈다. 이제 자기는 어떤 상황에 부딪히든 당당하게 살아갈 수 있다는 자신감을 가졌다.

한 대학생이 산악부에 들어가 겨울 등산을 했다. 하지만 성취감을 느낄 수 없었다. 여전히 자신감이 느껴지지 않았다. 전국을 일주한 사람은 자기의 의지로 걸음을 옮겼다. 겨울 등산을 한 대학생은 부모님의 기대에 맞추어 산에 올랐다.

자기 의지가 아니면 아무리 큰 성과를 올린다 해도 성취감은 느끼기 어렵다.

🙊 목적을 달성하기 위한 세 가지 조건

그리고 자기가 선택한 목적인가 다른 사람이 선택해 준 목적인가에 따라 끈기에 차이가 발생한다.

쿠르트 레빈은 《사회적 갈등의 해결》에서 목적을 가졌을 때 그 목적을 향하여 어느 정도나 열심히 노력하는가 하는 문제는 다음의 세 가지 조건에 달려 있다고 말한다.

첫째, 그 목적을 본인이 어느 정도나 강하게 원하는가?

둘째, 목적을 달성할 수 있다는 예감이 드는가?

셋째, 개인의 주도권이 있는가?

문제는 세 번째에 해당하는 개인의 주도권이다. 첫 번째와 두 번째는 상식적으로 생각해도 충분히 이해할 수 있지만, 세 번째는 듣고 보면 그렇지만 쉽게 생각하기 어려운 부분이다. 즉, 자기가 원하는 목적인가 그렇지 않은가 하는 문제다.

쿠르트 레빈은 이렇게 말했다.

"평균적으로 볼 때, 수동적인 개인은 능동적인 개인보다 지구력이 약하다."

자기가 원하는 것이 아니면 진행 과정에서 약간의 차질이 생겨도 즉시 포기해 버린다. 별것 아닌 문제 때문에 즉시 의욕을 잃는다.

목적은 다른 사람으로부터 기대를 받는 것이 아니라 스스로 원하는 것이어야 한다는 점이 무엇보다 중요하다. 그리고 자기 의지로 선택한 목적이 훨씬 더 달성하기 쉽다. 그 이유는 강인한 끈기가 발산되기 때문이다.

정치학자 라스웰은 《권력과 인간》이라는 저서에 다음과 같은 예를 든다.

성공한 의사 B는 아버지와의 관계에서 파괴적 적의를 느끼고 있었다. B는 패배자를 경멸한다. 그리고 이 세상의 모든 패배자에게 우월감도 느낀다. B는 사회의 유동화로부터 은혜를 입고 있으면서도 민주적이라는 점에 적의를 품는다. 사회의 주요 특징에도 거부감을 느낀다.

B는 다른 사람과의 동일화에 실패했나. 즉, 인격의 교류를 이루지 못한다.

라스웰이 지적하지 않은 것은 B가 '부모님의 기대에 응하여 성공한 의사'라는 점이다. B는 스스로 의사가 되고 싶었던 것이 아니라 부모님의 기대에 응하여 의사가 되었다. 자기가 좋아하는 일에서 성공을 거둔 것이 아니기 때문에 패배자를 경멸하게 되었다.

그는 자기의 감정을 드러낼 장소가 없었을 것이다. 자기가 무엇을 원하고 있는지 몰랐고 누가 자기를 받아들여 줄 것인지 몰랐던 것이다.

민주적 인격이란 상대를 생각하는 것이다.

성공한 의사 B는 무의식중 부모에 대한 파괴적 적의를 느꼈고 그 때문에 성공에 의한 성취감이나 만족감을 느끼지 못한 것이다.

열등감을 자신감으로 바꾸는 심리학

예를 들어, 어떤 사람이 생선가게를 운영한다고 하자. 그 생선가게를 물려받아 성공을 거둔다고 해도 그 사람이 생선가게를 운영하고 싶어하지 않았다면 만족감은 느낄 수 없다.

그런 식으로 성공을 거둔 의사 B는 아버지가 세상을 뜬 이후에 허무함을 느낄 것이다. 아버지와의 관계에서만 살아왔기 때문이다. 사람은 자기의 의지로 성공을 거두어야 비로소 만족감을 느낀다.

🦠 '살아 있다'는 실감이 없다

미국의 심리학자 시벨리의 책에 다음과 같은 사례가 소개되어 있다.

우리는 자기가 성장했기 때문에 흔적만 남은 과거의 약점에 언제까지나 얽매이는 경우가 있다.

넬리는 농촌에서 태어났는데 집안에 재산이 별로 없어서 교육 받을 기회가 거의 없었다. 그래서 사회적인 훈련이 부족하다는 점 때문에 늘 불만이었다. 이후, 그녀는 유복한 남성과 결혼하여 남편과 함께 공부를 시작했다. 이제 문화적인 여성으로 사회적인 훈련 부족을 걱정해야 할 필요는 사라졌지만, 그녀는 지금도 그 문제 때문에 걱정하고 있다.

세상에는 억만장자가 되었는데도 가난을 두려워하는 사람이 있다. 불필요한 공포 때문에 고민하는 사람은 얼마든지 있다.

다음의 예도 주위의 사정이 바뀌었는데 과거와 마찬가지로 두려움에 젖어 생활하는 사례다.

폴란드에 나약한 소년이 있었다. 그러나 주치의와 대학의 운동부 코치 덕분에 이제는 몸이 건강해졌다. 그런데도 그는 과거와 마찬가지로 자기의 건강을 걱정하고 있다. 건강문제가 그를 우울증에 빠지게 했다.

왜 이런 결과가 나타나는 것일까?

우선, 넬리의 경우를 살펴보자. 그녀는 유복한 남성과 결혼하여 남편과 함께 공부를 시작했다고 하지만 그녀가 남편을 정말 사랑했을까? 아마 사랑해서 결혼한 것이 아닌 듯하다. 유복한 남성과 결혼한 이 여성은 다른 사람의 눈에 유복한 것으로 보일 뿐 자기 자신은 유복하다고 느끼지 않는 것이다. 또한 문화적인 공부를 왜 하는 것인지 모르고 있다. 공부하는 목적이 없기 때문에 불안하다.

사실 그녀는 심리적으로는 유복하지 않다. 앞에서 언급한 친구들과 재미있게 뛰어노는 것처럼 보였지만 사실은 전혀 재미가 없었다는 아이의 예와 마찬가지다. 외부에서 보면 매우 즐거워 보이지만, 정작 본인은 전혀 즐겁지 않은 이 소년처럼 인생을 보내는 사람은 꽤 많다.

열심히 노력하고 성실하게 행동하고 여러 사람과 친분을 맺고 다양한 일에 손을 대는 식으로 매우 바쁜 인생을 보내고 있지만 본인 스스로는 '살아 있다'는 실감을 느끼지 못하는 이유는 무엇일까?

이번에는 폴란드의 나약한 소년을 살펴보자. 여기에서 말하는 건강해진 육체는 다른 사람의 눈으로 보았을 때의 건강함이다. 그가 스스로 느끼는 건강이 아니다. 바로 거기에 그가 언제까지나 건강문제 때문에 걱정하는 원인이 있다.

그는 일상생활 속에서 마음을 축적하고 있지 않기 때문에 과거와 마찬가지로 건강을 걱정하는 것이다. 마음을 축적한다는 것은 매일의 성취감이다. 그에게는 하루 동안 한 일에 대한 성취감이 없었던 것이 아닐까? 그에게는 만족감이 하나도 없었던 것이 아닐까?

어린 시절의 나약함은 심리적 나약함이었는데 그는 물론이고 주위 사람들도 그의 육체적인 나약함에만 신경을 썼다. 이런 착각은 결국 아무리 많은 시간이 흘러도 더 건강해져야 한다는 압박감을 유발하고 그것은 곧 노이로제로 연결된다.

건강한 사람이 되고 싶다는 말을 다음과 같이 설명하면 쉽게 이해할 수 있다.

이런 말을 하는 사람이 있다고 하자.

"마천루 같은 빌딩을 짓고 싶다."

여기에서 '마천루 같은'이라는 표현은 어떤 의미일까? '마천루 같은' 높은 빌딩을 짓고 싶다는 뜻일까 아니면 '마천루 같은' 튼튼한 빌딩을 짓고 싶다는 것일까? 어느 쪽인지 분명하지 않다. 풍선처럼 약한 마천루는 불안하다. 종이로 만든 것이라면 더 불안하다. "마천루 같은 빌딩을 짓고 싶다."고 말한 사람은 어떤 목적으로 이 빌딩을 지을 것인지 모르고 있다.

나약한 폴란드 소년도 자기가 '무엇을 위해' 건강해지고 싶

은 것인지 그 목적을 몰랐다. 소년을 지도한 사람들 역시 목적
을 몰랐다.

🗫 무엇 때문에 노력하는가?

어떤 길이 올바른 길이라고 믿고 걸음을 옮기다가 구덩이에
빠졌다. 그럴 경우 구덩이에서 기어 나올 기력은 있다. 그러나
주위 사람의 말을 믿고 걸음을 옮기다가 구덩이에 빠졌을 경
우에는 구덩이에서 기어 나올 기력이 없다. 즉, 다른 사람의 말
에 속았을 경우에는 재기할 수 없지만 자기 의지로 걸음을 옮
기다가 구덩이에 빠진 사람은 재기할 수 있다.

표면적으로는 좋아하는 것처럼 행동하지만 무의식 세계에서
는 싫어하는 사람을 위해 언덕을 넘어 걸음을 옮기다가 구덩
이에 빠진 사람은 억울한 마음 때문에 그 구덩이에서 빠져나
오지 못한다.

그렇기 때문에 "힘드셨지요?"라는 위로의 말을 듣고 에너지가 솟는 경우와 그 위로에 마음을 빼앗겨 사기꾼에게 다시 속는 경우가 있다. 마음에 들지 않는 사람을 위해 일하다가 돈을 날리면 재기할 기력이 없다. 그러나 마음에 드는 사람을 위해 일하다가 돈을 날리면 재기할 수 있다.

내가 하고 싶은 말은 당신은 지금 왜 난관에 부딪혀 있는지 생각해 보라는 것이다. 당신은 지금까지 인생에서 정말로 무엇인가를 원했던 적이 있는가? 혹시 그런 적이 없었던 것은 아닌가? 무엇보다 그 점을 먼저 해결해야 한다.

그러나 신경증 환자 타입에 해당하는 사람은 이 점을 해결하지 못한다. 일상생활에서 만족감은 느끼지 못하고 초조감만 느끼기 때문이다.

매일 하고 있는 일에서 성취감을 느끼지 못하기 때문에 매일 심리적으로 쫓기는 상황에 놓여 있다. 어떤 사람이 양배추를 심었다고 하면 자기도 양배추를 심으려 한다. 어떤 사람이 낚시를 갔다고 하면 자기도 낚시를 가려 한다. 이처럼 자기 자신의 목표가 없으면 늘 불안정할 수밖에 없다.

어떤 사람이 땅을 구입해서 돈을 벌었다는 말을 들으면 은 행에서 대출을 받아 땅을 구입하려 하고 어떤 사람이 골프회원권으로 돈을 벌었다는 말을 듣고 골프회원권을 구입한 것이 버블경제 시대의 유행이었다. 그러나 버블경제가 붕괴되면서 그들은 모두 빚더미에 앉았다. 이것이 신경증 환자 타입에 해당하는 사람의 삶이다.

누군가가 주식으로 돈을 벌었다는 말을 듣고 주식을 사는 생활을 되풀이하면서 초조한 심리를 없앤다는 것은 무리다. 그런 인생은 일상생활에서 만족감을 느낄 수 없다.

평범한 사람은 사랑을 위해 노력한다. 아이를 위해, 친구를 위해, 회사를 위해, 연인을 위해, 부모님을 위해, 국가를 위해, 상사를 위해, 부하 직원을 위해.

대상은 무엇이든 상관없다. '○○를 위해' 노력한다는 '○○'를 발견해야 한다.

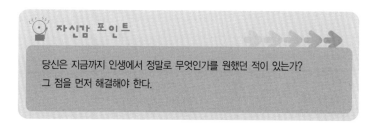

자신감 포인트

당신은 지금까지 인생에서 정말로 무엇인가를 원했던 적이 있는가?
그 점을 먼저 해결해야 한다.

4

어떻게 해야
행복해질 수 있는가?

✿

스스로를 믿는 태도가 자신감을 낳는다

✿

실감을 느낄 수 있는 삶

스스로를 믿는 태도가 자신감을 낳는다

❀ 자기다운 삶이 에너지를 낳는다

신경증적 경향이 강한 사람은 다른 사람은 물론이고 자기 자신도 믿지 않는다. 믿지 않는다기보다 믿는 능력이 결여되어 있다. 그렇기 때문에 믿는 능력을 개발할 수 있도록 노력해야 한다. 믿음이 있어야 자기다운 인생을 살 수 있다.

행복해지는 사람은 자기 자신이라는 존재를 믿고 있다. 그렇기 때문에 자신 있게 걸음을 내디딘다.

"내가 가는 길에는 행복이 기다리고 있어."

행복해지는 사람은 자기다운 삶을 살기 때문에 에너지가 있다. 자기다운 삶을 살지 않는 사람에게는 아무리 힘내라고 충고해도 소용없다.

에너지가 없는 사람은 단순히 자기다운 삶을 살고 있지 않을 뿐이다. 원래 그 사람에게 에너지가 없는 것이 아니다. 에너지는 누구에게나 존재한다.

행복해지는 사람은 보이지 않는 장소에서 최선을 다해 노력한다. 보이지 않는 장소에서의 노력이란 스스로를 믿고 매일 밝고 전향적인 모습으로 살기 위해 노력하는 것이다.

자기 인생을 다른 사람에게 보이는 것을 삶의 목적으로 삼지 않기 때문에 행복해질 수 있다.

사람은 의식적으로 노력하지 않고도 사물에 대해 전향적으로 생각할 수 있는 존재가 아니다.

전향적인 사람은 누구나 전향적인 사람이 되기 위해 필사적으로 노력한다. 밝게 살아가는 사람도 밝게 살기 위해 최선의 노력을 기울인다.

다른 사람 모르게 몇 번이나 눈물을 흘리며 노력하는 것이다. 그렇게 노력하기 때문에 궁지에 몰리는 상황이 발생하더라도 어려운 상황에 굴복하지 않고 전향적으로 생각할 수 있다.

지금, 정열이 식은 사람이 해야 할 일은 다른 사람의 칭찬을 목적으로 삼지 않는 인생을 깨닫는 것이다. 그리고 자기다운 삶을 영위해야 한다. 자기다운 삶을 영위하면 에너지는 무진장으로 배출된다.

또 자기를 믿어야 한다. 내일을 믿어야 한다. 내일을 믿는다

는 것은 내일은 틀림없이 좋은 일이 있을 것이라고 생각하는
것이다.

　모든 일이 뜻대로 풀리지 않는다고 느껴질 때에는 눈에 보이
는 사물만을 보고 판단하며 이제는 끝장이라고 쉽게 포기해 버
린다. 그러나 시간이 지난 후에 돌이켜보면 그때 좀더 스스로
를 믿고 행동했으면 좋았을 것이라고 생각하는 경우가 있다.

　자기다운 삶이란 자기의 운명을 살아가는 것, 천성적인 기질
에 맞게 살아가는 것이다. 다람쥐로 태어났으면 다람쥐가 좋아
하는 먹이를 먹으면 된다.

　현대 사회는 모든 사람이 맥도널드 햄버거를 먹는 삶을 살
아가고 있다. 그러나 그것은 결코 자기다운 삶이 아니다.

❀ 왜 자신감을 가지지 못하는가?

다른 사람은 상관없다. 자기 자신의 삶을 살고 자기가 가야 할 길을 가겠다는 신념이 중요하다.

자기다운 삶을 살려면 위험을 짊어져야 한다. 위험을 짊어지기 때문에 자기가 무엇인가를 이루었다는 실감을 느낄 수 있고 성취감도 맛볼 수 있다.

성공을 해도 자신감 없는 사람은 자기 자신을 왜곡시켜 살아온 사람이다. 다른 사람의 기대에 부응하기 위해 살아온 사람들은 모두 자기 자신을 왜곡시켜 살아온 사람이다. 실패해도 자신감 있는 사람은 순수하게 자기의 삶을 살아온 사람이다.

자기답게 살고 있는 사람은 다른 사람들이 어떻게 행동하든, 무슨 말을 하든 전혀 신경 쓰지 않는다. 다른 사람의 평가에 의해 움직이는 것이 아니라 자기가 원하는 일을 하기 위해 움직이며 그 태도를 끝까지 관철한다.

인생을 어떻게 살 것인지 명확한 목적을 가지고 있으며 인생은 스스로 책임지는 것이라고 생각한다. 바로 그런 태도가 감동을 낳는다. 쾌적함과 편리함, 안전함을 추구하여 모라토리

엄 상태가 되면 감동은 사라진다. 위험과 책임을 회피하면 자기다운 인생을 살 수 없다.

자기에게 맞는 인생이 어떤 인생인지 한 번도 진지하게 생각해 본 적이 없는 사람이 존재한다는 것은 놀라운 일이다.

부모님의 기대와 주위의 시선을 뛰어넘어 자기 내부에서 무엇인가를 찾아내야 한다. 그리고 맞서 싸워야 비로소 자기 자신을 믿을 수 있게 된다. 스스로 자기를 지키려 하기 때문에 자기를 믿을 수 있게 된다.

다른 사람에게 의지하려 해서는 아무리 많은 시간이 흘러도 스스로를 믿을 수 없다. 현실을 피해서는 아무리 많은 시간이 흘러도 스스로를 믿을 수 없다. 다른 사람에게 맞추려 해서는 아무리 많은 시간이 흘러도 스스로를 믿을 수 없다. 다른 사람의 마음에 들기 위해 노력하는 태도를 버리지 않으면 아무리 많은 시간이 흘러도 스스로를 믿을 수 없다.

다투기 때문에 사람에 대한 두려움이 사라진다. 다투기 때문에 사람을 좋아할 수 있다. 사람을 피하면 피할수록 사람이 두려워진다. 그래서 사람을 더욱 경계하게 된다. 겁쟁이는 맞서 싸우는 존재가 아니라 피하는 존재다.

　패배했다고 자신감을 잃는 것이 아니다. 패배했다고 자기를 믿을 수 없게 되는 것이 아니다. 다른 사람의 마음에 들기 위해 자기의 존재성을 포기하기 때문에 자신감을 잃는다.

　성공이나 다른 사람의 평가는 자신감을 안겨 주지 않는다. 자기 본래의 삶을 관철할 수 있어야 자신감을 얻을 수 있다.

열등감을 자신감으로 바꾸는 심리학

자신감 포인트

자기 자신을 믿고 자기다운 삶을 살아야 한다. 그래야 자신감이 생긴다.
성공이나 다른 사람의 평가는 자신감을 안겨 주지 않는다. 자기 본래의 삶을
관철할 수 있어야 자신감을 얻을 수 있다.

실감을 느낄 수 있는 삶

🪷 지나친 싸움의 결과

무기력해 보이지는 않지만 행복해 보이지도 않는 사람이 있다. 그는 늘 불안한 모습을 보인다.

안정감이 없는 사람, 그런 사람은 행복강박증 환자다. 행복강박증 환자는 행복하지 않으면 초조해하지만 사실은 자기를 위한 에너지가 없는 사람이다. 자기 실현을 할 수 있는 에너지가 없다. 거기에 비해 미움의 에너지가 엄청나게 강하기 때문에 활발하게 행동하는 것처럼 보이지만 활기는 없다.

활기가 있다는 것은 안정적으로 즐거운 생활을 하는 사람들에게 어울리는 말이다. 겉으로 그런 것처럼 보이는 행복강박증 환자는 결국 그 정열이 식어 버린다.

정열이 식어 버리면 지금부터 시작해도 결코 늦지 않은 일을 이미 늦었다고 포기해 버린다. 그 일을 실행할 기력이 없기 때문이다. 그리고 원인을 알 수 없는 미열 같은 증세 때문에 괴로워한다.

정열이 식은 사람은 싸움을 지나치게 많이 한 사람이다. 그러나 그 싸움은 자기 실현을 위한 싸움이 아니라 다른 사람으로부터 칭찬을 듣기 위한 싸움이고, 다른 사람에게 앙갚음을 하기 위한 싸움이며, 불안과의 싸움이었다.

그들은 개미가 다가와도 두려움을 느끼고 싸웠다. 개미조차 식인족 추장처럼 느껴졌기 때문이다. 그들은 개미도 살무사와 마찬가지로 두려움의 대상으로 생각했다. 낙엽이 져도 겁을 먹었다. 자아가 확립되어 있지 않기 때문에 다른 사람의 말을 도저히 무시할 수 없었다.

그들은 판단력이 없었기 때문에 쓸데없는 일에 에너지를 너무 많이 소비했다. 열심히 몸을 움직였지만 마음속에 축적된 경험은 아무것도 없고 표면적인 성과도 별로 없다.

지나치게 싸웠다는 말은 본래의 자기를 지나치게 속였다는 의미이기도 하며, 다른 사람에게 지나치게 속았다는 의미이기도 하다.

행복강박증 환자는 자기를 진심으로 생각해 주지 않는 사람의 마음에 들기 위해 열심히 노력했고 그 고통 때문에 판단력을 잃어버린다. 심리적으로 말하면 항상 엉덩이에 불이 붙어 있는 상태다. 목표도 없이 그저 달리기만 한 것이다.

표면적으로만 사람을 보는 사람들은 그런 사람을 보고 활기가 넘친다고 말하지만 마음을 보는 사람은 그 사람이 고통 속에서 몸부림을 치고 있다고 말한다.

정열이 식은 사람은 궁지에 몰려 더 이상 싸울 에너지가 없기 때문에 보다 간단히 정열을 다시 발산할 수 있는 방법을 찾는다.

정열이 식은 사람은 에너지가 있는 사람의 입장에서 보면 안일한 태도로 행복을 추구하는 것으로 느껴진다. 그러나 안일하다는 것은 다른 사람의 입장에서 보았을 경우이고, 본인은 결코 안일하다고 생각하지 않는다.

여유 있는 사람은 그들이 정열이 식었을 때의 생활 태도를 안일하다고 생각하지만, 정열이 식은 본인은 살려 달라고 필사적으로 고함을 지르고 있는 것이다.

❁ 자기 의지대로 행동한다

정열이 식은 사람은 왜 쫓기는 것일까?
그 사람은 다음 우화에 등장하는 돌산의 너구리 같다.

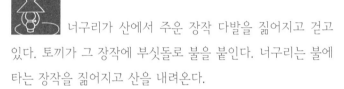 너구리가 산에서 주운 장작 다발을 짊어지고 걷고
있다. 토끼가 그 장작에 부싯돌로 불을 붙인다. 너구리는 불에
타는 장작을 짊어지고 산을 내려온다.
　토끼가 너구리의 장작에 불을 붙인 이유는 너구리가 상냥한
아주머니를 죽였기 때문이다. 너구리가 아무 짓도 하지 않았
다면 장작에 불이 붙는 일은 발생하지 않았을 것이다.

　정열이 식은 사람도 자기가 고통받는 데에는 무엇인가 원인
이 있을 것이라고 생각하고 반성해야 했지만 그렇게 하지 않
았던 것이다. 한 마디로 말하면 자기 자신을 배신하고 살아왔
던 것이다.

또 너구리는 '뜨겁다'고 소리치면서도 그 순간은 그런 대로 견딜 수 있으니까 왜 이렇게 뜨거운 것인지 생각해 보지 않는다.

정열이 식은 사람은 지금 자기가 짊어지고 있는 것을 버려야 한다. 명예나 권력을 바라는 삶을 버리고 생활방식 자체를 바꾸어야 한다.

정열이 식은 이유는 무엇일까? 자기의 적성을 모르기 때문이다. 자기의 한계를 모르기 때문이다. 시간의 변화에 대응할 수 없기 때문이다. 자기가 지금까지 무엇을 했는지 모르기 때문이다. 상대를 보지 않기 때문이다. 자기의 현실을 바라보지 않기 때문이다.

그들은 병 안의 물을 마신다. 아직 남아 있다는 이유에서 현실을 바라보지 않는다. 마지막에 물이 모두 사라졌을 때에 비로소 소란을 피우지만 이미 때는 늦어 버렸다.

정열이 식은 사람이 아니더라도 무직자를 생각해 보자. 지금은 괜찮다. 너구리와 마찬가지로 '뜨겁다'고 고함을 지르면서도 그 순간은 그런 대로 버틸 수 있으니까. 그러나 40대가 되면 어떨까?

병 안의 물은 체력과 같다. 마지막 순간에 배가 고파지면 더

러운 물이라도 마셔야 한다. 그리고 배탈이 나서 쓰러진다.

 돌산의 너구리는 결국 강물로 뛰어든다. 그러나 그
후에 반성하는 것이 아니라 복수를 생각한다. 토끼가 왜 자기
의 장작에 불을 붙였는지는 생각하지 않는다.
　그리고 다시 한 번 토끼에게 속는다. 토끼가 너구리의 등에
고추를 섞은 된장을 바른 것이다. 결국 너구리는 낡은 배에 실
려 강물 속으로 가라앉는다.

　정열이 식은 사람이 진정한 의미에서 정열을 되찾으려면 어
떻게 해야 할까? 지금까지 자기에게 발생한 일들에 대해 왜 그
런 일이 발생한 것인지 생각해 보아야 한다. 어떤 일이 발생했
을 때에는 반드시 원인이 있기 때문이다.
　정열이 식은 사람은 다른 사람의 말을 듣고 살아왔을 뿐 스
스로 생각하지 않았다. 이렇게 하면 행복해질 수 있다는 말을
듣고 그대로 실천했다. 이렇게 하는 것이 옳다는 말을 들으면

역시 그대로 실천했다. 스스로 생각하지 않았다.

애완동물을 기르면 위로가 되어 행복해질 수 있다는 말을 듣고 애완동물을 길렀다. 그러나 자기 의지로 애완동물을 길러야 행복을 맛볼 수 있는 것이다.

정열이 식은 사람은 자기와 다른 사람의 차이도 모르는 상태에서 다른 사람이 말하는 대로 행동한다. 자기 의지를 바탕으로 행동해야 행복해질 수 있다. 그렇게 해야 작은 행복이라도 얻을 수 있는 것이다.

그리고 그런 작은 행복이 모여 큰 행복이 된다. 사회적으로 큰 성공을 거두는 것만이 큰 행복은 아니다.

🌸 한 가지 행복밖에 모르는 사람의 비극

"더 행복해지고 싶어."

이런 생각 때문에 초조해하는 행복강박증 환자는 자신감이 없는 사람이다.

행복강박증 환자는 오늘 천만 원이 있으면 내일은 3천만 원을 벌어야 한다고 생각한다. 무엇을 위해 그 돈을 사용할 것인지 그 용도는 생각하지 않는다.

행복해지고 싶다고 생각하는 것은 정상이다. 그런데 행복해지지 않으면 안 된다고 생각하는 것이 신경증 환자다. 더 행복해지고 싶다고 생각하는 사람은 마음의 갈등이 있는 사람이다. 행복이 무엇인지 정말로 이해하고 있으면 더 많은 것을 생각하지 않는다.

행복강박증 환자에게 무엇을 하고 싶으냐는 질문을 던지면 확실하게 대답하지 못한다. 지금까지 주어진 것으로 살아왔다. 스스로 선택한 것은 아무것도 없다. 빵을 주면 고맙다고 받았다. 청소를 하라고 시키면 청소를 했다.

행복강박증 환자는 항상 더 많은 과자를 먹어야 한다고 초조해한다. 심리적으로 건강한 사람이 그 모습을 보면 왜 그렇게 무리를 하는지 이해하기 어렵다.

"이 과자 정말 맛있게 먹었어. 이런 과자를 먹을 수 있다니, 나는 정말 행복해."

열등감을 자신감으로 바꾸는 심리학

이렇게 감사하는 마음을 가질 수 있어야 행복은 찾아온다. 그러나 행복강박증 환자는 그런 행복을 모른다.

지금 있는 그대로의 행복, 나름대로의 행복을 받아들이고 만족하면서 살아가는 마음가짐을 가져야 한다는 말을 자주 들을 수 있다. 그런 말을 들으면 작은 행복으로 만족하라는 의미라고 생각한다. 그러나 그렇지 않다.

세상에는 여러 종류의 행복이 있다. 안정감에서 느끼는 행복, 휴식에서 느끼는 행복, 편안함에서 느끼는 행복, 음악을 연주하는 행복 등.

그러나 행복강박증 환자는 한 가지 종류의 행복밖에 모른다. 이익을 볼 수 있는 행복, 출세를 하는 행복, 상대를 이기는 행복, 재산을 불리는 행복, 이런 행복밖에 모른다.

행복강박증 환자는 케이크 한 조각을 먹고 이미 배가 부른데도 더 먹지 않으면 손해라는 생각에 계속 케이크만 집어먹다가 배탈이 난다. 케이크 한 조각을 먹었으면 초밥이나 스테이크 쪽으로 눈길을 돌려야 한다. 한 가지 행복에 만족하면 다음 행복으로 눈길을 돌려야 한다.

❀ 인생에 욕심을 내면 스트레스가 쌓인다

어떤 사람이든 시험을 앞두면 가슴이 두근거린다. 그리고 자기 의지로 시험을 치르지 않는 사람일수록 가슴은 더욱 두근거린다. 어떤 사람이든 자신감이 없으면 합격 여부가 마음에 걸리지만 자기 의지로 시험을 치르지 않은 사람은 더욱 그렇다.

어떤 사람이든 자기 머리가 나쁘다는 사실을 재확인한 것을 두려워하지만 자기 의지를 바탕으로 시험을 치르지 않은 사람일수록 그런 두려움은 더욱 심하다.

자기 의지가 없는 사람은 삶이 외길이라고 생각한다. 그 사람이 어떤 대학을 최고라고 생각해도 다른 사람은 그렇게 생각하지 않는다. 하지만 그 사람은 그런 사실을 모른다.

행복강박증 환자는 자기가 무엇이 되고 싶은지 모르기 때문에 결국 정열이 식어 버린다. 그리고 내키지도 않는 길을 걷기 때문에 원하는 것을 얻지 못하며 그것이 불만이 되어 결국 절망한다.

부모나 주위 사람들이 저쪽으로 가라고 하면 저쪽으로 가고

열등감을 자신감으로 바꾸는 심리학

이쪽으로 오라고 하면 이쪽으로 온다. 다른 사람이 이끌어 주는 장소에 이끌려 가기만 한다. 그리고 다른 사람이 이끌어 주는 장소가 안전한 장소라고 생각한다. 스스로는 생각하지 않는다. 자기가 지금 어디에 있는지, 그 장소조차도 모르기 때문에 비현실적인 목적을 가지게 되고 그것을 움켜쥐려다 좌절한다.

다른 사람의 지시에 의해 움직여 왔기 때문에 현재 자기가 이러이러한 목적을 가지는 것은 적절하지 않다는 생각을 하지 않는다. 낮은 하이킹 코스도 제대로 걸어 본 적이 없으면서 갑자기 거친 산을 오르려 한다.

행복강박증 때문에 정열이 식은 사람은 살아가기 위한 지도를 보는 방법을 모른다. 자기 자신을 보지 못하기 때문에 닥치는 대로 움켜쥔다.

누군가 만두가 먹고 싶다고 하면 자기도 만두를 먹으려 한다. 그리고 자기가 정어리를 먹고 있으면 왜 자기만 만두가 아닌 정어리를 먹어야 하는지 불만을 느낀다. 자기는 정어리를 좋아하는 것인지, 만두를 좋아하는 것인지 모른다. 아니, 자기의 기호에 관심 자체가 없다.

만두를 먹고 있을 경우에는 초밥을 먹을 수 없었다는 점을 불만으로 느낀다. 초밥을 먹고 있을 경우에는 두 개밖에 먹을 수 없다고 한숨을 내쉰다.

결국, 장어와 라면을 함께 먹고 무슨 맛인지조차 모르는 이해할 수 없는 결과를 낳는다.

그리고 이런 욕심이 스트레스의 원인이기도 하다.

직장이 마음에 들지 않아 스트레스가 쌓인다고 불평하는 사람이 많다. 귀 기울여 들어 보면 월급은 잘 나오는데 직장 환경이 즐겁지 않다는 것이 불만이다.

직장 환경이 즐겁다면 그보다 좋은 일은 없을 것이다. 하지만 월급을 제대로 받고 있다면 그 정도의 불편함은 받아들여야 한다고 생각해라. 그러면 스트레스도 떨쳐 버릴 수 있다. 생각을 바꾸지 못하는 것이 문제다.

스트레스가 심한 사람은 다른 사람으로부터 모든 것을 받으려 한다. 즐거움과 돈을 모두 제공해 달라는 것이다.

✿ 자기 자신을 이해하지 못하는 사람

당신의 '행복강박증'이 어느 정도인지 측정해 보자.

이것은 행복강박증의 정도를 점검하는 것이지만 그와 동시에 자기 자신을 어느 정도나 이해하지 못하는가 하는 정도도 점검할 수 있다.

행복강박증 점검 리스트

❶ 회사에 입사하면 즉시 무엇인가로 선발되는 것이 당연하다고 생각한다.

❷ 파티에 참석하면 모든 사람이 자기 주위로 모여들 것이라고 생각한다.

❸ 지금 여기에 1억 원이 있으면 정말 좋겠다고 생각한다.

❹ 텔레비전에서 화려한 결혼식을 올리는 장면이 나오면 언젠가 나도 저렇게 화려한 결혼식을 올리고 싶다고 생각한다.

❺ 당첨금 3억 원짜리 복권에 당첨된 사람을 보면 그 사람은 행복한 사람이라고 생각한다.

❻ 커다란 다이아몬드를 가지고 있는 사람을 보면 부자니까 행복할 것이라고 생각한다.

❼ 집을 살 때, 가구가 없어 텅 비어 보인다 해도 일단 큰 집을 사야 한다고 생각한다.

❽ 재산이라고 하면 즉시 집이나 땅을 생각한다. 건강, 액자, 자기가 그린 그림, 아직 발표하지 않은 원고, 현재 자기의 인간관계 따위는 재산으로 생각하지 않는다.

❾ 지위나 직함에 얽매인다. 과거의 직함이 씌어 있는 명함을 가지고 있다.

❿ 누군가 헬스클럽에 다닌다는 말을 들으면 자기도 즉시 다니고 싶어한다. 누군가 골프를 시작했다고 하면 자기도 즉시 시작해야겠다고 생각한다.

⓫ 어려운 말을 사용해서 이야기를 하려 한다. 실제의 자기 이상으로 보이려고 노력한다.

⓬ 신호가 빨간색으로 바뀌면 초조해진다.

⓭ 다른 사람의 자동차가 적절한 방법을 사용하여 자기가 달리고 있는 차선으로 들어오려 해도 양보하지 않는다.

⓮ 열심히 돈을 저축하는 것이 한심스럽게 느껴진다.

⓯ 주위 사람이 불행해졌다는 말을 들으면 마음 한 구석에서 안도감을 느낀다.

⓰ "이런 회사에는 들어오지 말았어야 돼."라며 매일 포장마차에서 술잔을 기울인다.

⓱ 바겐세일에서 20만 원짜리 물건이 10만 원으로 팔리고 있으면 필요하지 않아도 일단 구입한다.

지금까지 다른 사람에게 호감을 사기 위해 행동했다면 이제
는 자기가 정말로 좋아하는 것을 찾아야 한다.

"동생이 라면 먹고 싶대."

그러나 라면은 자기가 먹고 싶은 것이 아니다. 자기는 먹고
싶지 않지만 동생과 함께 라면을 먹었다. 동생은 먹고 싶은 것
을 먹었다. 사실 형은 초밥을 먹고 싶었지만 초밥을 먹고 싶다
고 말하지 못했다.

그는 어린 시절부터 정말로 하고 싶은 것을 하고 싶다고 말
할 수 없었고, 그런 습관이 몸에 배면서 자기가 무엇을 좋아하
는지조차 알 수 없게 되어 버린 것이다.

✹ 어떻게 해야 충족감을 얻을 수 있는가?

실감이 없는 삶은 어떤 것일까? 그것은 열심히 달려서 1등을
해도 발자국이 남지 않는 것과 같다. 그래서는 열심히 달렸다

는 기분이 들지 않는다. 다른 사람이 달리고 있는 것을 보고, 함께 있는 다른 사람이 달리고 있으니까 틀림없이 자기도 달리고 있는 것이라고 생각한다.

무엇인가 하고 있을 때 충족감, 약동감, 심리적 감동을 느끼지 못한다.

만두를 판다. 그래서 만두를 만들지만 자기가 만두를 만들고 있다는 감각이 없다. 그렇기 때문에 돈을 벌 수 없다. 또는 돈을 벌어도 벌었다는 실감이 나지 않는다. 무슨 일을 해도 그 과정에 '자기'라는 존재는 없다.

눈사람을 만든다. 커다란 눈사람을 만들지 않으면 경멸을 당할지도 모른다는 공포를 느끼며 만든다.

"눈사람이 이렇게 크다니, 정말 대단해!"

이런 칭찬을 들으려고 만드는 것이기 때문에, 공포를 느끼며 만드는 것이기 때문에 완성되어도 자기가 무엇인가를 달성했다는 실감을 느낄 수 없다.

삼베를 짠다. 10억 원어치의 삼베를 짰는데도 자기가 만들었다는 감각이 느껴지지 않는다. 체험을 했다는 감각이 없는 것이다.

자기가 욕탕에 들어가 있다는 감각을 느끼지도 못하는 상태에서 욕탕에 들어가 있다. 옆에 다른 사람이 들어와 있는 것을 보고 틀림없이 자기도 욕탕에 들어와 있는 것이라고 생각한다.

그들의 마음은 엉망으로 어질러져 있는 빈 집과 같다. 청소가 되어 있지 않다. 이곳저곳에 먼지가 쌓여 있고 얼룩져 있지만 청소할 기력이 없다.

공포 속에서 식사를 했다고 하자. 식사를 한 느낌이 들지 않을 것이다. 무엇을 먹었는지도 알 수 없다. 이 빈 집에서 잠을 잤다고 하자. 제대로 잠을 잤다는 느낌이 들지 않을 것이다. 누군가 "부장님!" 하고 불러도 자기가 부장이라는 기분이 들지 않을 것이다. 마음이 완전히 지쳐 있기 때문이다.

"무엇인가 이상해."

이렇게 생각했을 때, 당신은 상점가에 있다고 생각한다. 하지만 사실은 벼랑 끝에 서 있다. 상점가에 있는데 바람이 분다. 상점가에 있는데 사람이 없다. 당신은 무엇인가 이상하다고 생각한다. 그렇게 생각했을 때, 사실 당신은 상점가에 있는 것이 아니라 벼랑 끝에 서 있는 것이다. 당신은 사회적인 입장이 있기 때문에 살아갈 수 있다고 생각하지만 왠지 모르게 늘 마음이 무겁다. 당신은 사회적인 입장이 있기 때문에 상점가에 있다고 착각한다. 그러나 사회적인 입장과 심리는 다르다.

심리적으로 말하면, 당신은 지금 벼랑 끝에 서 있는 것이다. 심리적으로 말하면, 지금은 물건을 구입할 때가 아니다. 어떻게 해야 당신 자신의 목숨을 구할 수 있는지 그 점을 생각해야 할 때다. 당신은 평소에 멋진 집에 살고 있으니까 지금도 상점가에 있다고 착각하지만 심리적으로는 지금 벼랑 끝에 서 있는 것이다.

자기가 존재하지 않는 삶이라면 아무리 멋진 집에 살고 있어도 심리적으로는 벼랑 끝에 서 있는 것과 같다.

✿ '자기'가 존재하는 삶

나는 2000년에 미국 동부 액튼이라는 시에 있는 내 집을 팔기 위해 매물로 내놓으려 했다. 그래서 전년도에 어느 정도의 집이 어느 정도의 가격에 팔렸는지 조사해 보고 깜짝 놀랐던 적이 있다.

매도인이 3억 원에 팔겠다고 내놓았는데 팔린 가격이 4억 원인 물건이 있었기 때문이다. 즉, 매도인이 천만 원만 받으면 된다고 하는데 매수인이 2천만 원을 주고 그 집을 사는 경우다.

그 이후, 땅의 크기와 지역적 특성 등을 조사해 보면서 알게 된 것은 미국인에게 있어서 부동산이라는 것은 시장 가격이 있기는 하지만 그 이외에 자기의 마음에 드는가 그렇지 않은가 하는 것이 매우 중요한 요소라는 점이다.

즉, 누구나 시장가치가 높은 집에서 살고 싶어하는 것은 아니다. 자기는 이러이러한 경치가 갖추어져 있는 이러이러한 형태의 집이기 때문에 살고 싶다는 식이다. 매도인도 마찬가지로 기본적인 시장 가격이 있다고 해도 자기는 이러이러한 가격으로 팔고 싶다는 식으로 매물 가격을 제시한다.

그렇기 때문에 어떤 가격에 집을 내놓았다가 긴 시간이 흘러도 팔리지 않으면 매도를 취소하는 사람도 있다. 즉, 가격을 낮추어서는 팔지 않겠다는 것이다.

또, 자기가 시장에 내놓은 가격으로 팔리지 않을 경우에는 집 벽의 페인트를 새로 칠해서 가격을 올리려는 사람도 있고 지저분한 상태 그대로 끝까지 기다리는 사람도 있다. 모든 것이 매도인의 선택에 달린 문제다.

미국에서는 어린 시절부터 그런 교육을 시킨다. 따라서 그런 분위기를 따라가지 못하는 사람은 우울증에 걸리기 쉽다.

미국이 자본주의 사회라고 하지만 동시에 '자기'가 분명히 존재한다. 그것이 개인주의다.

개인주의라는 것은 값비싼 집에 살면 무조건 좋은 것이 아니라 자기 마음에 드는 집이어야 좋다는 것이다. 가격이 비싼 집에 사는 것보다 시장 가격은 낮더라도 자기 마음에 드는 집에 사는 것이 '자기'가 존재한다는 의미다. 그리고 자기가 존재한다는 것이 바로 개인주의다.

모퉁이 네 곳에 각각 네 개의 주유소가 있고 기름 가격이 모두 다르다. 자기 가게가 마음에 들어 기름 넣고 싶어하는 사람이 있으면 팔면 된다는 식이기 때문에 기름 넣을 생각이 없는 사람에게 굳이 자기 가게를 찾아 달라는 광고는 하지 않는다. 그 가격으로 기름을 넣을 생각이 있는 사람이 있다면 그때 팔면 된다는 식이다.

　우리도 비슷한 가격으로 집을 구입할 때, 생활은 편하지만 복잡한 도시에 살 것인지, 출퇴근 시간이 많이 걸리기는 하지만 외곽의 넓은 집에서 살 것인지 선택한다. 그런데 미국에서는 그런 현상이 더욱 철저하게 기능하고 있는 것이다.

　만약 시에서 매긴 집의 가격에 불만이 있으면 자기가 직접 시청을 찾아가 항의하면 된다. 시에서 매긴 가격으로 세금을 내고 뒤에서 불평해도 아무도 상대해 주지 않는다. 해결하려면 구체적으로 움직여야 한다. 불만이 있으면 불만을 해결하기 위해 행동해야 비로소 사람들이 상대해 주는 것이다.

 자신감 포인트

자신감이나 열등감은 현실 조건의 문제가 아니다. 마음의 성장과 관련된 문제다. 이 사실을 이해한다면 당신의 행복 수치는 극적으로 변할 수 있다.

당신이 생각하는 진정한 행복은 무엇인가?
불행해지고 싶다면 파랑새를 찾아다녀라. 비참해지고 싶다면 파랑새를 찾아다녀라. 선택은 당신이 할 일이다.

에 필 로 그

이 책을 읽고 열등감은 그 사람의 현실이 어떤가 하는 것이 문제가 아니라 그 사람의 심리 상태가 문제라는 사실을 이해하게 되었을 것이다.

어떤 여성은 남편에게 이런 말을 들었다.

"당신 성기는 불구야."

그래서 그녀는 열등감을 가지게 되었고 노이로제에 걸려 정신과에 다니게 되었다. 그녀는 남성을 두려워하게 되었고 날이 갈수록 불행해졌다.

사실은 남편이 성 불구자였다. 남편은 그런 사실을 감추기 위해 아내를 매도한 것이다. 남편은 자기를 지키기 위해 아내를 심하게 매도한 것이다. 그리고 아내는 심각한 열등감 때문에 고통을 받게 되었다.

당신이 만약 심각한 열등감 때문에 고통을 받고 있다면 그 원인은 당신의 그릇된 판단에 있다. 당신에게 중요한 인물이 당신을 심하게 매도했기 때문에 열등감을 가지게 된 것이다. 당신에게 열등감을 안겨 준 말은 그 사람이 자기를 지키기 위해 한 말이다. 그 사람이 자기의 약점을 감추기 위해 한 말일 뿐 당신에 대해 한 말이 아니다.

우리는 때로 상대방이 스스로를 지키기 위해 한 말 때문에 깊은 상처를 받고 열등감을 느낀다. 상대방은 스스로를 지키기 위해 더욱 심하게 매도하는 것이다. 자기 자신을 지키기 위해 한 말이 아니라면 그렇게 심하게 비난하지는 않는다.

언젠가 나는 문득 놀라운 사실을 깨달았다.

"너는 정말 한심하구나. 왜 그렇게 한심하게 행동하니?"

나는 아버지에게 이런 말을 듣고 깊은 상처를 받아 어린 시절부터 심각한 열등감 때문에 고민했다.

아버지는 매일 그런 말로 나를 힘들게 했다. 나는 '한심한 인간'이라는 말 때문에 늘 고통스러워했고 청년이 되었을 때에는 열등감에 완전히 사로잡혀 있었다.

그러나 성인이 되어 문득 깨달은 것은 그것이 나에 대해 한 말이 아니라 아버지 스스로 당신의 열등감에서 자기 자신을 지키기 위해 한 말이었다는 점이다. 아버지가 아들인 나를 한심한 인간이라고 꾸짖는 것으로 당신 자신의 능력과 수준을 인정받으려 했었다는 사실을 깨달았다. 아버지 스스로를 지키기 위해 한 말이기 때문에 그렇게 심한 말투를 사용한 것이라는 사실을 깨달은 것이다.

당신의 마음에 상처를 입힌 말은 대부분의 경우, 당신에 대해 한 말이 아니다. 그렇기 때문에 당신을 둘러싸고 있는 현실이 아무리 극적으로 바뀐다 해도 당신은 열등감을 해소할 수 없다.

만약 당신이 비만 때문에 열등감을 가지고 있다면 극단적으로 비만이었던 몸이 극단적으로 야위어진다고 해도 당신의 열등감에는 아무런 변화도 없다. 하지만 당신의 자아가 약간이라도 성숙해져 심리적 변화가 생긴다면 체중은 그대로라고 해도 열등감은 극적인 변화를 보인다. 자신감이나 열등감은 현실 조건의 문제가 아니라 마음의 성장과 관련 있는 문제인 것이다.

이 사실을 이해한다면 당신의 행복 수치는 극적으로 변할수 있다. 이 책은 그런 변화를 안겨 줄 수 있는 계기가 되기를 바라는 마음으로 쓴 것이다. 따라서 한 가지라도 좋으니 분명하게 납득한다면 당신의 마음은 바뀔 것이다.

아무리 유능해도 열등감 때문에 괴로워하는 사람은 있다. 아무리 사회적으로 성공을 거두었다고 해도 열등감 때문에 괴로워하는 사람은 존재한다.

열등감은 그 사람의 심리적 성장 문제이며 자아 성숙의 문제다. 그리고 그것은 동시에 인간관계가 잘 진행되지 않는 원인이기도 하다.

열등감이 강하면 다른 사람을 사랑할 수도 없고 좋아하는 것도 발견할 수 없다. 따라서 좋아하는 일도 할 수 없다. 즉, 열등감이 강한 사람은 자기 실현을 할 수 없다. 이처럼 열등감이 강한 사람은 그릇된 인생을 보내게 된다.

그러나 열등감이 강한 상태라도 어떻게든 자기 실현을 위해 한 발이라도 내디딜 수 있다면 상황은 분명히 바뀐다.

이 책은 그렇게 하려면 일상적으로 어떤 점에 주의해야 하는지를 정리한 것이다.

물론, 열등감을 해소한다는 것은 간단한 문제가 아니다. 그러나 불가능한 문제도 아니다.

단, 이 책에서는 열등감이 심각하면 어떤 증상이 나타나는가에 대해서는 다루지 않았다. 열등감이 어떤 것인지에 대한 설명은 제쳐 두고 자신감과 대비되는 개념으로 열등감이라는 단

어를 사용했다. 이 책에 이어 열등감의 증상에 대해 정리한 책을 가까운 시일 안에 출간할 예정이다.

끝으로 이 책을 출간하는 데 협조해 주시고 도와주신 모든 분들께 지면을 빌려 감사의 말씀을 드린다.

가토 다이조

열등감을 자신감으로
바꾸는 심리학

초 판 1쇄 발행 2004년 10월 25일
초 판 5쇄 발행 2010년 4월 15일
개정판 1쇄 발행 2015년 1월 19일
개정판 3쇄 발행 2020년 7월 1일

지은이 | 가토 다이조
옮긴이 | 이정환
펴낸이 | 한순 이희섭
펴낸곳 | ㈜도서출판 나무생각
편집 | 양미애 백모란
디자인 | 박민선
마케팅 | 이재석
출판등록 | 1999년 8월 19일 제1999-000112호
주소 | 서울특별시 마포구 월드컵로 70-4(서교동) 1F
전화 | 02)334-3339, 3308, 3361
팩스 | 02)334-3318
이메일 | tree3339@hanmail.net
홈페이지 | www.namubook.co.kr
블로그 | blog.naver.com/tree3339

ISBN 978-89-5937-396-3 03180